LES
SOVSPIRS,
D'OLIVIER DE
MAGNY.

VINCENTI NON
VICTO GLORIA

A PARIS,

Pour Vincent Sertenas, tenant ſa boutique au Pa-
lais, en la gallerie par ou lon va à la Chancelle-
rie, & en la rue Neufue Noſtredame, à l'enſei-
gne ſainƈt Iean l'Euangeliſte.

1 5 5 7.

AVEC PRIVILEGE DV ROY.

Extraict du priuilege.

Suiuant le priuilege, donné à Oliuier de Magny, Il est permis à
Iehan Dallier, marchant libraire demeurant à Paris , d'imprimer
les Odes & Souspirs, faicts & composez par ledict de Magny,
iusques au temps & terme de dix ans finiz & acompliz , à conter du iour & date que lesdits liures seront acheuez à imprimer. Et est tresexpressement defendu à tous marchans libraires &
imprimeurs, & autres, de n'imprimer vendre ne distribuer lesdicts
liures, que de ceux que ledict Dallier aura faict imprimer, sur peine
de confiscation desdicts liures & d'amende arbitraire, ainsi qu'il est
contenu en sondict priuilege, cõme il appert par lettres surce, Donné,
à Paris le huictiesme iour de Mars, l'an mil cinq cens cinquante six
& de nostre regne le dixiesme.   Par le Roy,   Maistre
Geoffroy de Haulteclere, Maistre des requestes ordinaire de l'Hostel,
present   Fizes: Et seellé du grand seau sur simple queue de
cire iaulne.

A MONSIEVR DE BEAV-
REGARD, CONSEILLER
du Roy & secretaire de ses finan-
ces,   SONET.

S I tu n'aymois Duthier, la
Muse ardantement,
Et si la Muse encor' ne
t'aymoit dauantage,
Tu n'aurois à mes vers
fait tant de bon visage,
N'y ie ne t'en donrois ore

tant hardiment,
Le sçauoir est nourry de l'honneur seulemens,
Et s'vn œuure est chery par vn grãd personnage
Phœbus ayme l'autheur, & polit son ouurage,
Et fait son nom & luy viure immortellement.
Vn plus riche que moi plus grãd don te peult faire,
Mais vn plus grand ne peult dauantage te plaire,
Aymant comme tu fais des Muses les esbats.
Reçoi donc ce present qu'humblement ie te donne
A l'exemple des dieux qui ne dedaignent pas
De prendre vn petit don d'vne basse personne.

A ij

A OLIVIER DE MAGNY,

SONET.

C'eſt or vraimēt Magny, vraimēt Magny, c'eſt ore
Qu'on me doit pardonner ſi ie dy que tu ſoys
A l'adueu d'Apollon, entre tous ces Francois
Vn des plus fauorys des vierges que i'adore.
La France le ſçait bien, & le ſçauent encore
Noz Princes valeureux, que lon voit à la fois
Tous priſer & vanter les accords de tes doys,
Graces dont Iuppiter bien peu de gens honnore.
  Vſe ainſi dōc, Magny, de l'heur que nous ſentons,
Et n'attēs d'eſtre dieu, car quoy que nous châtons,
Noſtre immortalite ne nous ſauue la vie:
Et pource auroi-ie à cher puis qu'il nous fault perir
De voir en quelque preis ma Muſe auant mourir,
  Car l'honneur vient trop tard qui vient ſans
nulle enuie.

IEAN DE PARDEILLAN.

SONET, I.

QVEL feu diuin s'alume'en ma
　　poitrine
Quelle fureur me viet ore irriter?
Et mes esprits sainctement agiter
Par les rayós d'vne flâme diuine?
Ce petit Dieu de qui la force insigne
Sur les grans dieux se peut exerciter,
Viendroit il bien dans mon ame exciter
Cette chaleur d'immortalité digne?
C'est iuy c'est luy qui souffle ceste ardeur,
Car ia desia ie fleure sa grandeur
Me bien heurant d'vne nouuelle vie,
Sus donc, sus donc prophanes hors d'icy.
Voicy le dieu, ie le sens, le voicy,
Qui de fureur ni'a ia l'ame rauye.

SONET　　II.

Tandis que ie me plains, à l'ombre de ces bois,
De celle qui detient ma franchise egarée,
I'entens le Rossignol se plaignant de Terée,
Qui son ramage accorde aux accens de ma voix

Tous deux diuersement nous plaignons toutesfois:
Luy, de vengence ayant toute l'ame alterée,
Moy, au contraire ayant la mienne enamourée
D'vne pour qui cent morts en viuant ie recois.
Bien est vrai qu'en trois mois sa cõplainte s'acheue,
Mais la mienne iamais ne prend ne fin ne tresue,
Aincois dure tout l'an conftãte en mes trauaulx:
Puis donc que mon tourment à nul autre s'egalle,
Finiffe-ie mes iours, pour finir tant de maulx,
Chantant iufqu'à la mort comme fait la cigalle.

SONET III.

Vous qui tous engourdiz en l'hyuer froidureux
Cherchés ãlque beau feu pour voz forces reprẽdre,
Venez tous deuers moi, deuers moi Salamandre,
Qui brufle nuiɛt et iour d'vn feu trop rigoureux.
Vous auffi qui fuyés le foleil chaleureux,
Et qui voulés au frais pres d'vn fleuue vous rẽdre,
Venés fous cet ombrage, ou vous verrés s'efpãdre
Vn grãd fleuue de pleurs de mes yeux lãgoureux.
Le feu ne s'efteint point pour les pleurs que ie gette,
Ny la fource des pleurs à tarir n'eft fubgette,
Tant foit grande l'ardeur qui brufle dedans moi.
L'vn fe tiẽt dans mon chef, et l'autre dãs mon ame,
L'vn noye mon efpoir, l'autre enflamme ma foi:
En tel eftat ie viz pour vne belle dame.

Ie n'eftois

SONET IIII.

Ie n'eſtois pas aſſez en France tourmenté,
 Sans qu'il falluſt encor' venir en Italye
 Sentir le traiĉt poignant de l'enfant d'Idalye,
 Et m'aſſeruir encor' à quelque autre beaulté.
Ie n'auois pas l'amour en France aſſés chanté,
 Sans qu'il faluſt mener à Rome ma Thalye,
 Et chanter de rechef l'amoureuſe folye,
 Pour adoucir encor' vne autre cruaulté.
Hé dieu c'eſt fait de moi, ie n'ai plus d'eſperance,
 Et plus ie vois auant et plus croiſt ma ſouffrance,
 Si qu'il ſemble qu'Amour ne cherche que ma fin.
Nous auons beau fuyr de noz maulx l'origine:
 Plus nous fuyons cela que le ciel nous deſtine   ,,
 Et plus deſſus le chef nous auons le deſtin.   ,,

SONET V.

Sur le bord d'vn beau fleuue Amour auoit tendu
 Vn filé d'or tiſſu d'vn excellent ouuraige,
 Et lá tout ſeul aſſis il ſembloit qu'au paſſage
 Il euſt quelque gibier longuement attendu.
I'eſtoy franc & diſpoſts, mais trop mal entendu
 Et mon cœur s'égayoit, mal cault par le riuage,
 Quand ie le ſenti prendre & reduyre en ſeruage,
 Et tout ſoubdain Amour l'en mener éperdu.
Cette belle clarté qui le ſoleil efface
 Reluyſoit à l'entour, & la main qui ſurpaſſe

A iiij

L'yuoire de blancheur, tenoit ce reth ainſi.
Ainſi donc ie fus pris, & remply d'eſperance
De plaiſir, de bon heur, & de perſeuerance,
En ſi belle priſon ie demande mercy.

SONET VI.

L'ESTRANGE, toi qui ſçais comme on
    plait chés le Roy,
Et comme on y deſplaiſt, ly ces vers ie te prie,
Et ſi tu trouues rien ſubget à mocquerie
Sans de moi t'eſtranger, Leſtrange dy le moi.
Dy le moi rondement, car ie me fie en toi,
    Et vraiment à bon droit ie crois que ie m'y fie,
    Car tu n'as point le front d'vn homme qui pallie
    Et qui ſçait deguiſer ce qu'il a dedans ſoi.
Ie chante en ces Sonets vne Maiſtreſſe belle,
    Ie chante les ennuys que i'endure pour elle,
    Mon eſpoir et ma foy conſtante en mon tourmět.
Ce ſont tous argumens fort communs à noſtre age
  Mais cil qui les deſcrit comme il fault doucemět
  Et qui ſçait plaire aux Rois n'a pas peu d'auătage.

SONET VII

GORDES, que ferons nous? aurons nous
    point la paix?
Aurons nous point la paix q̃lque fois ſur la terre?
Sus la terre aurons nous ſi longuement la guerre,
La guerre qui au peuple eſt vn ſi peſant faiz?
                   Ie ne vois

Ie ne vois que fouldars que cheuaulx & harnois,
Ie n'ois que deuifer d'entreprendre & conquerre,
Ie n'ois plus que clairõs que tumulte et tonnerre,
Et rien que rage & fang ie n'entens& ne vois.
Les Princes au iourd'huy fe iouent de noz vies,
  Et quand elles nous font apres les biens rauyes
  Ils n'ont pouuoir ny foing de nous les retourner.
Malheureux fommes nous de viure en vn tel age
  Qui nous laiffons ainfi de maulx enuironner,
  La coulpe viẽt d'autruy mais noftre eft le domage. ,,

SONET VIII.

Toufiours la pefte aux Grecs ne decoche Apollon,
  Quelqu: fois il s'esbat à fonner de la lyre,
  Quelque fois fur la mer bon vent a le nauire
  Et toufiours ne court pas vn oraige felon,
Toufiours l'hõneur des chãps ne defpouille Aquilon
  Quelque fois vn printẽps nous rameine Zephire,
  Tofiours ne tonne pas aux montagnes d'Epire.
  Et quelque fois le ciel eft fans nul tourbillon.
Les deux freres iumeaulx l'vn apres l'autre viuent,
  Et les faifons de l'an par ordre s'entrefuyuent
  Comme le clair tour fuyt la tenebreufe nuict:
Bref toute chofe au monde ou fe change ou fe paffe
  Si ce n'eft le malheur qu'vn Rouffeau ne pour
    chaffe
  Qui toufiours fans repos me tourmẽte et me fuyi.

SONET IX.

Bien feuſt CARLE, vraiment prodigue à ta
    naiſſance
  Le fauorable aſpeɛt de ton aſtre aſcendant,
  Tant & tant de treſors deſſus toi reſpendant
  Par la ſainte vertu de ſa ſainte influence.
Bien feuſt vraiment encor° heureuſe l'aliance
  Qu'il feit de ton eſprit de ſcauoir abondant
  Auecques les neuf Sœurs, qui ton bruit eſpendãt
  Arreſtent deſſus toi leur plus grande eſperance.
Ore ton grand Dorat , leur S. preſtre immortel
  Ore mon grand Ronſard, deſſus vn meſme autel
  Conſacrent ton renom au temple de Memoire.
Et moi CARLE, apres eulx & cõme eulx agité
  Adiouſte par ces vers à ton eternité,
  Mais toi mieulx que tous trois eterniſes ta gloire.

SONET X.

Le cauteleux eſpoir BELLAY, qui me conduyt
  Cent contraires effets à mon penſer apporte,
  Il me bruſle, il me gelle, ennuye, & reconforte,
  Il m'appelle, il me chaſſe, & me ſuyt, & me fuyt.
Il m'aucugle de iour & me fait voir de nuiɛt,
  Il m'aprend vne voye aſpre facile & torte,
  Il me ſert de trompeuſe & de fidelle ſcorte,
  Et ſoit vert ou ſoit meur ne porte iamais fruiɛt
                       Deſſous

Deſſous le doulx Nectar il me cache le fiel,
Puis ſoudain ſous le fiel me deſcouure le miel,
Et ſans oraige en mer me fait faire naufrage.
Vn ſeul point mon BELLAY,allege mon eſmoi,
Ceſt que ce faulx eſpoir t'abuſe comme moi,
Et comme à moi d'vn gaing te fait tirer domaige.

SONET XI.

O monde malheureux,o deſir vain & freſle,
O terre, o ciel, o dieux auares à mon bien,
O vie qui ne peult diſſouldre ce lyen
Bien que ie te cognoiſſe & petite & mortelle,
O miſerable ſort,o fortune cruelle,
Qui mes dolents ennuys n'eſtimas iamais rien,
O Parque ſans pitié,o Nocher ſtygien
Que ne m'ameines tu l'infernale naſſelle!
Puis qu'on ne veult ici mon tourment ſecourir,
Puiſſe-ie au moins bien toſt miſerable mourir,
Pour euiter le mal dont mon ame eſt attaincte:
Bien heureux ſoit le iour auquel la fiere mort
M'enuoira de ſon dard paſſer la bas le port,
Puis que par tant de mal du dager ie n'ay crainte.

SONET XII.

O Caduque penſer,o trop freſle vouloir,
O mal ſaine raiſon, o pourſuyte trop vaine,
Vous ne iouyrés plus du plaiſir de la peine

Et du plaiſant ennuy qui me faiſoit douloir.
O deſir que i'ai mis du tout à nonchaloir,
  O fleche de venin & d'amour toute pleine,
  O las qui me tenois en priſon inhumaine
Voz efforts deſſus moi ne peuuent plus valoir.
O careſſes ſemblans & riz pleins de faintiſe,
  O propos mains & cœur rempliz de couuoitiſe,
  Vous ne retiendrez plus mon eſprit langoureux,
Et toi fureur d'amour dans mon ame alumée,
  Ta vehemente ardeur s'en va toute en fumée,
  Et plus franc que iamais ie reſte bien heureux.

SONET XIII.

Tu riz quand ie te dis que i'ay touſiours affaire,
  Et penſes que ie n'ay qu'à traſſer des papiers,
  Mais oy ie te ſupply par combien de ſentiers
  Il me fault tracaſſer, puis penſe le contraire.
Mon principal eſtat c'eſt d'eſtre ſecretaire,
  Mais on me fait ſeruir de mille autres meſtiers,
  Dont celuy que ie fais le plus mal volontiers
  Eſt cil qui me contraint d'endurer & me taire.
Auſſi ie ne ſers pas vn maiſtre ſeulement,
  I'en ſers deux, voire trois, & fault qu'egalemĕt
  Pour leur plaire à treſtoꝰ à chacun d'eux ie plaiſe,
Le plus riche d'entre eux m'eſt chiche de ſon bien,
  Et tous enſemblement me liurent du malaiſe,
  Et bref ſeruant en tout ie ne profite en rien.

                        Le ciel

SONET, XIIII.

Le ciel luyt pour autant que le soleil y luyt,
  Ma dame luyt ayant le soleil auec elle,
  Le soleil est soleil pour sa clarté si belle,
  Seule est cette qui seule aux raiz du soleil nuyt.
Amour est vne ardeur qui les ames nous cuyt,
  Cette est vne autre ardeur de force toute telle,
  Il est maistre d'autant qu'il veinct le plus rebelle,
  Maistresse est cette cy d'autant qu'el' le conduyt.
Le ciel nous donne vie, et le soleil lumiere,   (riere,
  Amour nous poingt les cœurs d'vne fleche guer-
  Et doucemét nous brusle et nous rend tourmëtés,
Ma dame ard & depart la lumiere & la vie,
  Et nous poingt d'autãt plus qu'elle a plus de beau-
  Que le ciel, le soleil, et l'enfant d'Idalye.   (tés,

SONET XV.

I'ay veu plaignãt le mal dont mon ame est ateinte
  Les pasteurs s'egarer biẽ loing de leurs troupeaux,
  Les brebis oublier d'allaicter leurs aigneaux,
  Et cent oyseaux venir accompagner ma plainte,
I'ay ueu que par pitié de ma franchise estreinte
  Et des maulx q̃ ie sens, les Nimphes des ruysseaux
  S'arrestoient à mes plaincts, & m'offroient de
      leurs eaux
  Pour en rendre ma peine & mon ardeur esteinte.
Mais toi cruelle toi qui m'entens plus souuent

Toi dis-ie beaucoup plus legere que le vent,
Et qu'vn orage en mer plus sourde à ma priere,
Mais toi cruëlle toi de qui la cruaulté
Bien que tu sois si belle excede la beaulté,
Plus tu m'oys lamenter & plus tu deuiens fiere.

SONET XVI.

Ie ne puis, & ne veulx ouyr parler personne,
S'il ne parle ou de toi ou de toi alentour,
Et soit en pleine nuict ou bien soit en plein iour
Ie n'ay point de clarté si ton œil ne m'en donne.
Amour en autre endroict iamais ne m'esperonne,
Et mes piés ne vont point qu'au lieu de ton seiour,
Ma main sur le papier n'escrit rien que d'amour,
Ny mõ luth ny ma voix que tes beautez ne sõne.
Tous mes pensers Maistresse, ont à toi leurs recours,
Tous mes souspirs ardans te demandent secours,
Et rien ie n'ai en mòy qui de toi ne depende.
Pourroi-ie mieux monstrer quelle est mon amitié?
Pourrois-tu faire moins qu'auoir de moi pitié?
Ayes donques pitié de qui te la demande.

SONET XVII.

Vn cable tords n: peult si bien estreindre
Quelque grand faiz de maint enlassement,
Ny fer encor' ne peut si fermement
A quelque bois quelque bois faire ioindre:
Comme vne foy doibt estroictement ceindre

L'esprit

L'esprit de cil qui la iure ardemment
Soit en secret ou soit publiquement
Prest à mourir plustost que de l'enfreindre.
Tousiours sa foi doit estre son appuy,
  Tousiours sa foy doibt maistriser en luy,
Mesmes tousiours il doibt penser en elle.
C'est cette-lá que i'ai receu de toi,
  C'est celle-là que tu recois de moi,
Faisons la donc mon *LOVZIERE*, eternelle.

SONET XVIII.

Si i'ai l'esprit enflammé viuement
  De la fureur de l'enfant de Latone,
  Et si les vers *MIRAMBEAV*, que ie sône
Gaignent cest heur de viure longuement,
Par son laurier ie te iure ardamment
  Dont le vainqueur & le docte il couronne,
  Que ie ferai maugré la mort felonne
Ton nom & toi viure immortellement.
Car toi rempli du feu dont il m'alume
  N'as dedaigné les armes & la plume
  De mesme main apprendre à manyer:
Et fauory de Mars & des Charites
  Mon *MIRAMBEAV*, deux lauriers tu
  Pour estre docte, et pour estre guerrier. (merites

SONET XIX.

Bien heureux soit le iour, & le mois, & l'année,

La saison, & le tens, & l'heure, & le moment
Le pays & l'endroict ou bien heureusement
Ma franche liberté me feust emprisonnée.
Bien heureux l'astre au ciel d'ou vient ma destinée,
Et bien heureux, l'ennuy que i'euz premieremēt,
Bien heureux aussi l'arc le traict & le tourment
Et la playe que i'ay dans le cœur asserrée.
Bienheureux soient les criz que i'ay gettés au vent,
Le nom de ma maistresse appellant si souuent,
Et biē heureux mes pleurs mes soupirs, et mō zelle,
Bien heureux le papier que i'emplis de son loz,
Bien heureux mon esprit qui n'a point de repos
Et mon penser aussi qui n'est d'autre que d'elle.

S O N E T   XX.

Le soigneux laboureur auec le temps ameine
Dessous le ioug pesant le plus braue taureau,
Et le faulcon niais au vol de maint oiseau,
Auec le tens encore on faconnne en la pleine,
On range auec le temps le lyon à la cheine,
Et l'appriuoise lon comme vn petit aigneau,
Voire auecques le tens par les gouttes de l'eau
Se cauent les rochers qu'on tailleroit à peine,
Auec le mesme tens le vieil chesne se rompt,
Et void on le sommet du plus superbe mont
S'abaisser à l'egal de la pleine campaigne:
Mais ie ne puis Maistresse amollir la durté

De ton

De ton cœur rigoureux, qui passe d'aspreté
Taureau, faulcon, lyon, rocher, arbre et montagne.

SONET XXI.

La Tine à beaux cheueux, beau front & belle face,
  La Tine parle bien & chante doucement,
  La Tine est toute belle en son acoustrement,
Et s'el s'abille d'homme, elle a fort bonne grace.
La Tine dans le bal dextrement se compasse,
  La Tine baise bien & rit mignardement,
  Bref elle plaist à tous fors qu'amoi seulement,
Car elle a ne sçai quoi qui loing d'elle me chasse.
Ie ne sçaurois songer ce qu'auoir elle peult,
  Qui fait que ie la fuys, mais tant plus elle veult
  Me plaire, el me desplaist, & plus ie m'en recule.
Bref, sans tant s'amuser il fault venir au point,
  La Tine a ne sça: quoy qui ne me reuiет point,
  Et c'est pour quoi mõ cœur en son amour ne brusle.

SONET XXII.

Ores, que le matin est si doux en ces mois,
  Ie me leue aussi tost que la vermeille Aurore,
  Et taschant d'apaiser l'ennuy qui me deuore,
  Ie m'en vois escouter des oiselets la voix,
Et si le rossignol i'oy plaindre quelque fois.

Ientens auſſi ſoubdain Progne qui s'adolore,
L'vn d'eulx conſoler l'autre, & ſe reſpõdre encore,
Et viure ainſi contens au dedans de ces bois.
Las! helas ie me plains, ie crie, ie lamente
Et demande ſecours au mal qui me tourmente,
Mais ie ne trouue aucun qui me reſponde mot.
Moy ſeul emmy ces bois fais ma cõplainte extreme,
Et moy tout ſeul helas! me reſpons à moy meſme,
N'ayant autre confort que de mourir bien toſt.

SONET XXIII.

Voy que c'eſt que d'amour, LE CREC, ie te ſupplie,
Et comme par fois cil qui fait moins cas d'aymer,
Se void d'autant plus fort quelque fois animer,
Et d'autant plus ſoi meſme en amour il s'oublie:
Naguieres ie t'oyois blaſmer cette folie,
Et n'aguieres encor' tu m'oyois la blaſmer,
Mais tous deux en vn tens ie nous ſens enflammer,
Et tous deux en vn coup eſclaues on nous lye.
C'eſt grand choſe qu'amour! il bruſle les oiſeaux,
Il enflamme les vents, les ſerpens, & les eaux,
Et le cueur immortel et des Dieux & des hommes:
Sí donc il dompte tou:, ne le deſpitons point,
Mais chãtõs la douceur de ſon trait qui nous poingt,
Tãdis qu'il nous eſt doux, et que ieunes nous ſõmes.

Le Soleil

SONET XXIIII.

Le Soleil qui m'esclaire & de iour & de nuiĔ,
　Fait mon estat, Clytie, au tien peu dissemblable:
　Admirable est le tien & le mien admirable,
　Et quand ce vient au soir l'vn & l'autre nous fuyt:
L'vn & l'autre des deux le cler iour nous conduyt,
　Et face chault & froit il nous est agreable,
　Il chasse de ses raiz la nuiĔ espouentable,
　Et où que soit qu'il luyse, vn printĕps nous produit.
Chacun d'eux sçait sonner dextrement de la lyre,
　Chacun des deux encor sçait l'auenir predire,
　Et chacun porte un arc qui blesse hõmes & dieux:
Ils different d'vn point qu'heureuse tu n'essayes,
　Que l'vn a larc en main & l'autre dans ses yeux,
　Et que le tien guerit & le mien faiĔ les playes.

SONET XXV.

Quand le desir me poingt de reuoir celle
　Qui de ses yeux m'a peu le cœur rauir,
　Et me contreindre à l'aimer & seruir,
　Sentant d'amour la plus viue estincelle.
Et quand ie voi la face de la belle
　En vn moment ternir, rougir, pallir,
　Incontinent ie me sens assaillir,
　D'vn nouueau mal, d'une douleur nouuelle.
　　　　　　　　　　　B ij

Helas Amour! que doibt-on esperer,
 Si lon ne void celle perseuerer,
 En qui Vertu repose & courtoisie?
 Amour respond: la gente creature
» Souffre pour toi, mais moi de ma nature
» Tiens mes subgets en crainte & ialousie.

SONET XXVI.

Tous mes vers desormais desplairoient à bon droiĉt,
 Et desormais la Muse à me suyure retiuc,
 Et l'ardeur d'Apollon en moi seroit oisiue,
 Si i'estois mõ D V T H I E R, ingrat en tõ endroit.
Le soleil de son œil toute chuse apperçoit,
 Mais il n'en vid ça bas iamais de si chetiue,
 Ny qu'il deteste plus en l'homme tant qu'il viue,
 Que le vice d'ingrat des biensfaiĉts qu'on reçoit.
» Malheureux est celuy qui les biensfaiĉts sçait prẽdre
» Comme ie fais de toi, quand il ne les sçait rendre
» Si ce n'est par effeĉt, au moins de volonté.
I'ay disette de biens, & de vers abondance,
 Et c'est pourquoi des vers, ie t'offre en recompence,
 Les vers mieux que les biens guerdonnans ta bonté.

SONET XXVII.

Si ie vous ayme trop, ie m'en rapporte, Dame,

Au

Au Soleil qui pallit quand il m'entend douloir:
 Si ie vous ayme trop , ma lyre le fait voir,
 Qui ne chante iamais que l'ennuy de mon ame.
Si ie vous ayme trop, l'archerot qui m'entame
 Le sçait, qui me faict viure et de crainte et d'espoir,
 La terre, & l'air aussi ne sont à le sçauoir,
 Que de mes pleurs ie baigne & remplis de ma flame.
Si ie vous ayme trop, toutes ces pleines cy,
 Ces forests & ces prez le sçauent bien aussi,
 Qui se seichent de dueil quand mon mal ie deplore.
Bref mon amour est sceu iusqu'aux bestes des eaux,
 Iusqu'aux bestes des bois & iusques aux oiseaux:
 Mais vous cruëlle, helas! ne le croiés encore.

SONET XXVIII.

Pour monstrer ce que peult la Nature feconde
 Pour vn hôme embellir, BRINON iadis nasquit,
 Et parfait en beauté, sur la terre il vesquit,
 Riche de tous les biens dequoi le ciel abonde.
Pour faire voir encor' que peu de tens au monde
 Dure vne grand beaulté, la Parque le conquit,
 Mais en le conquestant son renom ne vainquit,
 Car il vole immortel sur la terre & sur l'onde.
Les Muses qui son bruict veulent rendre plus beau,
 Mille sortes de fleurs sement sur son tombeau,
 Et vif hors du tombeau le desenseuelissent.

B iij

Heureux donques *B R I N O N*, qui viuant eut le
   mieulx
De ce qu'on peult auoir de Nature & des cieulx,
Puis que luy mort de mort, les Muses l'affrächiſſet.

SONET XXIX.

Ie l'ayme bien, pource qu'elle a les yeux
   Et les ſourcils de couleur toute noire,
   Le teint de roſe, & leſtomac d'yuoire,
   L'aleine douce, & le riz gracieux.
Ie l'ayme bien, pour ſon front ſpacieux,
   Où l'amour tient le ſiege de ſa gloire,
   Pour ſa faconde & ſa riche memoire,
   Et ſon eſprit plus qu'autre induſtrieux.
Ie l'ayme bien, pource qu'elle eſt humaine,
   Pource qu'elle eſt de ſçauoir toute pleine,
   Et que ſon cœur d'auarice n'eſt puingt.
Mais qui me ſait l'aymer d'vne amour telle,
   C'eſt pour autant qu'el' me tient bien en point
   Et que ie dors quand ie veux auec elle.

SONET XXX.

Celuy qui ſur la mer trop longuement tracaſſe,
* Souuent fait ſon tombeau des ondes de la mer,
Et cil qui de cuiraſſe ayme trop à ſ'armer

                                    Le plus

Le plus souuent reçoit la mort sous la cuirasse:
Ainsi tant asprement vn amour ie pourchasse,
Et tant d'aspres ennuy ie souffre pour aymer,
Que mourant ie n'en puys que moy mesme blasmer,
Tant va le pot à l'eau, qu'à la fin il se casse.
I'ay veu que ie rioy des pauures amoureux,
Et dedaignoy le traict qui me fait langoureux,
Pensant sot que i'estoi qu'il n'eust sur moy puisâce:
Mais ce Tyran Amour m'a tellement reduyt,
Que ie n'ai nul repos ny de iour ny de nuict
Et ne puys à la mort plus faire resistance.

SONET XXI.

S'il ne te desplait point, F V M E E, ie te prie
Enseigne moy que ç'est que l'amour qui me poingt:
Car chetif que ie suis ie ne le cognoi point,
Bien qu'il exerce en moi toute sa seigneurie:
Dy moi s'il est issu du sang d'vne furie,
Ou si Mars & Venus le feirent en tel poinct,
Pour nous remplir ainsi (Venus me le pardoint)
Non d'amour seulement mais de forcenerie.
Dy moi d'ou vient cela que ie ne puis sçauoir
En aymant ce que i'ayme, & que ie veux auoir,
Et où vont noz esprits quand l'amour les trâsporte.
Dy moy comme si droit il vise dans noz cueurs,
Et si tu sçais comment on sort de ces lägueurs,

B iiij

Enseigne moi pour dieu comme il fault que i'en sorte.

SONET XXXII.

Où print l'enfant Amour le fin or qui dora
En mille crespillons ta teste blondissante?
En quel iardrin prit-il la rose rougissante,
Qui le liz argenté de ton teinct colora?
Là douce grauité, qui ton front honora,
Les deux rubiz balais de ta bouche allechante,
Et les raiz de cet œil qui doucement m'enchante,
En quel licu les prit-il qand il t'en decora?
Où prit Amour encor ces filets & ces lesses,
Ces haims & ces apasts que sans fin tu me dresses,
Soit parlant ou ryant, ou guignant de tes yeux?
Prit-il d'Herme, de Cypre & du lict de l'Aurore,
Des rayons du soleil & des Graces encore,
Ces atraits et ces dons, pour prēdre hŏmes & dieux?

SONET XXXIII.

Amour, tu sçais tresbien, que constant en ma foy,
I'ay sous tes loix passé le printens de ma vie,
Et que i'ay de bon cœur ton enseigne suyuie,
Comme mŏ gouuerneur, mon seigneur, et mon Roy.
Maintenant qu'en l'esté de mes ans ie me voy,
Tu m'as plus que iamais la franchise asseruie,

Et sem-

Et semble Amour, helas! que tu prennes enuie
De rengreger mon mal, pour voir la fin de moi.
Hé, que t'ay-ie fait, las! hé quoy, que veulx tu dire?
  Des maulx que i'ay soufferts ne te peult il suffire,
  Sans d'age en age ainsi me suiure & m'agrauer.
Voicy ia mon Autonne, Amour, qui me vient prēdre,
  Mais ie parle en vain, tu ne me veux entendre,
  Dieu vueille aumoins que frāc ie sois en mon hyuer.

SONET XXXIIII.

Bien heureux est celuy, qui loing de la cité
  Vit libremēt aux champs dans son propre heritage,
  Et qui conduyt en pāix le train de son mesnage,
  Sans rechercher plus loing autre felicité.
Il ne sçait que veult dire auoir necessité,
  Et n'a point d'autre soing que de son labourage,
  Et si sa maison n'est pleine de grand ouurage,
  Aussi n'est il greué de grand' aduersité.
Ores il ante vn arbre, & ores il marye
  Les vignes aux ormeaux, et ore en la prairie
  Il desbonde vn ruisseau pour l'herbe en arouzer:
Puis au soir il retourne, & souppe à la chandelle
  Auecques ses enfans & sa femme fidelle,
  Puis se chaufe ou deuise & s'en va reposer.

SONET XXXV.

Ce beau poil est le reth auquel ie fu surpris,

Ce regard attrayant est le traict qui m'entame,
Ce beau sourcil est l'arc, & l'œil brun de Madame
Est cil qui m'a feru, non l'enfant de Cypris.
Dans si belle prison ie nourriz mes esprits,
Ie nourriz la blesseure au profond de mon ame,
Et captif, & nauré, ie n'adore ou reclame,
Que l'œil qui m'a blessé, & le poil qui m'a pris.
L'or de ces beaux cheueux cil des Indes surmonte,
Les raiz de ce bel œil font obscurcir de honte
Les rayons du soleil quand plus cler il reluyt.
Heureux donc qui captif dans ce beau poil demeure,
Feru de l'œil qui peut faire vn iour d'vne nuict,
Mais plus heureux encor s'il conuiet qu'il y meure.

SONET XXVI.

L'hyuer s'en va, G I R A R D, et Zephyre rameine,
Le chef couuert de fleurs le plaisant renouueau,
Desia plus libre aux champs gazouille le ruysseau,
Et desia par les bois i'oy Progne & Philomene.
Le pré se reuerdit, le ciel se rassereine,
Le soleil luyt sur nous d'vn plus tiede flambeau,
Les herbes & les fleurs, la terre, l'air, & l'eau,
Et toute beste aux champs d'amour est toute pleine.
Mais pour moi, las, helas! ne reuient que douleur,
Que tristesse et tourmět, qu'angoisse et que malheur,
Et pis encor, G I R A R D, si pis il se peut dire:

Et ces champs,ces oiseaux,ces fleurs,& ces Zephyrs,
  A qui sur ce printens toute chose on void rire,
  Renouuellent en moy mes antiques souspirs.

SONET   XXXVII.

Escoute, REVERGAT, ie te veulx faire entēdre
  Pendant ma longue absence, en quell' sorte ie vy,
  L'amour tient mon esprit plus que iamais rauy,
  Et si moins que iamais ie puis l'amour aprendre.
Ie voy bien que de luy ie ne me puis defendre,
  Et qu'vn bel œil me tient doucement asseruy,
  Qui du bien, qui du mal me faisent à l'enuy,
  Mais ie ne puis d'amour autre chose comprendre.
Icy ie vis Madame, icy ie fu feru,
  Là ie fu d'vn regard par elle secouru,
  Icy ie la vy douce, & là, de rigueur pleine:
Icy cueillir des fleurs, là, ie la vey danser:
  Et voila, REVERGAT, de quel vague penser
  Amour fait plus amere & plus douce ma peine.

SONET   XXXVIII.

Assié toi là, GUYON, & me dy des nouuelles,
  Nous nous sommes assez embrassez & cheriz,
  Que dit on à la court, que fait on à Paris,
  Quels Seigneurs y void on, & quelles damoiselles?

Verrons nous point de fin à ces guerres cruëlles?
  Le froment & le vin sont ils point encheris?
  Et parmy tant de maulx ne voit on point periz
  Tãt d'emprũts, de taillons, d'imposts & de gabelles?
  As-tu point apporté quelque liure nouueau?
  As tu point veu Ronsard, ou Paschal, ou Belleau,
  Que dit on que fait on? dy moy ie te demande,
Le Ieusneur est il point de parler dispensé?
  Le bastiment du Louure est il fort auansé?
  Que dit on au Palais, & que fait la Normande?

SONET XXXIX.

(guiere,
Ce grand CHARLLES sans peur qui guerroyoit na
  Et qui le fer au poing dedaignant le trespas
  Se iettoit, courageux, au plus fort des combats,
  N'estant iamais de ceux qui se rangent derriere:
Ce grãd CHARLES sans per, dõt l'Itale est si fiere,
  Les armes qu'il portoit met librement à bas,
  Et par autre sentier dressant ores ses pas,
  Change en paisible habit sa cuirasse guerriere.
Là donc France, courage, il est encore tien,
  Et ce changer d'hahit n'est fait que pour ton bien,
  Predisant mile maulx à l'Espagne ennemie.
Car si l'augure a lieu, ce CHARLES cy sera
  L'instrument par lequel l'Itale on vengera,
  De Charles Empereur & de sa tirannye.

il ne

SONET XL.

Ie ne viz onc, DILLIERS, hoste trop volõtaire,
 Qui ne fit encherir en fin son hostelier,
 Et ne veis onc traicter si bien vn escolier,
 Qu'on n'eust tousiours en fin peine à le satisfaire.
Ie ne veis onc aussi maistre trop debonnaire,
 Qui ne feit son valet en fin trop famillier,
 Et ne veis onc aussi de vaillant cheualier,
 A qui la guerre en fin ne feust vn peu contraire.
Bref, ie vois peu de gens se pouuoir contenir
 Long temps en leur bon heur, sans ingrats deuenir,
 Vers leur mesme fortune, & sans se mescognoistre,
 Autre que toi, DILLIERS, possible ne m'entẽd,
 Et c'est pourquoi ie viz plus heureux & contant
 Qu'vn hoste, vn escolier, qu'vn guerrier ny qu'vn
 maistre.

SONET XLI.

Laisse pour quelque temps ta Cassandre en arriere
 Et ta Marie aussi, mon Apollo Ronsard,
 Laisse gentil Bellay, ton Oliue à l'escart,
 Et toy sçauant Baif, ta nouuelle guerriere.
Laisse diuin Pascal ta gentille Riuiere,
 Et vous encor Pangeas, Desautels, & Tyard,
 Laissez pour quelque tens la beaulté qui vous ard,

Pour voir qu'ellest vers moi vne beauté plus fiere
Et si quelcun de vous descriuant ses amours,
A peu trouuer confort ou remede, ou secours,
Pour Dieu qu'il me l'aprẽne, afin q̃ ie m'en vaille:
Toute mon esperance à vous se vient renger,
" Car ceulx-la peuuent bien qui sortent d'vn danger
" Enseigner le moyen comme il faut qu'on en saille.

SONET   XLII.

A tout iamais les raiz de la vermeille Aurore
Aparoissent serains en tel iour que cettuy,
L'heur nous soit aussi grãd quil nous est au iourd'huy
Plus plaisant qu'autre iour que le ciel nous colore:
La Paix & l'amitié & la Iustice encore,
L'honneur & la vertu soient tousiours auec luy,
Et tousiours en soient loing, la tristesse, l'ennuy,
Et les maulx qu'apporta la fatalle Pandore:
Car en vn pareil iour que cettuy fortuné
Mon inuincible Prince heureusement est né,
Sous la large faueur d'vne estoille benigne:
Sous luy le siecle d'or encore reuiendra,
Le sort se'a pour luy, & sa victoire insigne
Du Scythe iusqu'au More heureuse s'estendra.

SONET   .XLIII.

O trop caduc penser, ô trop fresle vouloir,

O malſaine raiſon, ô pourſuyte trop vaine,
Vous ne iouyrez plus du plaiſir de la peine,
Et du plaiſant ennuy qui me faiſoit douloir.
O deſir que i'ay mis du tout à nonchaloir,
  O fleche de venin & d'amour toute pleine,
  O las qui me tenois en priſon inhumaine,
  Voz effors deſſus moi ne peuuent plus valoïr.
O careſſes, ſemblans, & riz pleins de feintiſe,
  O propos, mains, & cueur rempliz de couuoitiſe,
  Vous ne retiendrez plus mon eſprit langoureux:
Et toi fureur d'amour dans mon ame alumée,
  Ta vehemente ardeur s'en va toute en fumée,
  Et plus franc que iamais ie reſte bien heureux.

SONET XLIIII.

                                        (donne,
Quãd ie vois voir Madame, Amour ſoubdain m'or-
  Qu'en plus de cent papiers, i'eſcriue ſes beautez,
  Encore que l'honneur de telles nouueautez,
  Côme vn trop hault ſubget les mieux diſans eſtône.
Mais fault il pas GIRARD, que l'œuure i'abãdon-
  Si i'ay veu du Soleil les cheuaux arreſtez,   (ne,
  Et luy tout ententif mirer ſes raritez,
  Puis s'enfuir honteux qu'il ne la paragonne? (iour,
I'ay veu cent fois, GIRARD, que tous deux en vn
  Et tous deux en vn point ſortoient de leur ſeiour,
  Comme à l'enuy monſtrant la beaulté de leur face:

Cettuy les feux du ciel faisant esuanouyr,
Et cette cy soubdain le faisant enfuyr,
Pour raiz de ses yeux abandonner la place.

SONNET XLV.

Que ferai-ie, Pangeas, a fin de garentir
Mon esprit de l'amour, qui sans cesse le lime,
Puis que le bal, la balle, & la paulme & l'escrime
Et mille autres tels ieux ne l'ont peu diuertir?
Tout animal peult bien quelque repos sentir
Au soir, quand le grillon sa voix tranchäte anime,
Mais ie n'ay iamais sceu par les sons de ma ryme,
Ny de iour ny de nuict mon tourment alentir.
Oy donc, mõ cher Pangeas, tõ cher Magni qui pleure,
Qui pleure vainement & sanglotte à toute heure,
Et vien quelque cõfort de tes vers luy donner.
Qu'ainsi puissent les miens amollir ta Colombe.
Et l'araigne à iamais ne puisse sur ta tombe
Quand tu seras en bas sa toille façonner.

SONET XLVI.

Quand ie voy qu'elle escript, soubdain ie m'esmereille
De ses traits singuliers coulant disertement:
Quand ie voy qu'elle parle, elle dit si proprement
Que mon esprit soudain se pend à mon oreille.

Quand

Quand ie l'oy qu'elle chante, ell' n'a point de pareille,
  Quand ie voy qu'elle rit, ell' rit si doucement,
  Et quand elle se tait, ell' se tait tellement,
  Que cet nouueaux amours dãs mõ ame elle esueille.
Bref tout ce qu'elle dit, & tout ce qu'elle fait,
  Est si doux, si gentil, si rare & si parfait,
  Que trop heureux est cil quelle tient en destresse:
Et c'est pourquoy voiant tant de perfection,
  I'ay comblé mon esprit de tant d'affection,
  La prenant & tenant pour Madame et maistresse.

SONET XLVII.

Ces beaux cheueux dorés, ce beau front spacieux,
  Ce teint blanc & vermeil, ce beau sourcil d'ebene,
  Cette bouche d'œillets & de musc toute pleine,
  Cet œil, ains ce soleil digne de luyre aux cieux,
Cette gorge de liz, ce sein delicieux,
  Où Venus à l'esbat ces trois Graces ameine,
  Ce beau port de Déesse, & ce chant de Syrene,
  Qui tire à soy le cueur des hommes & des dieux:
Ce riz qui peult fleschir le Scythe plus sauuaige,
  C'est esprit desia meur en son verdissant age,
  Et ce parler disert qui coule si tresdoux,
Alument celle ardeur qui brusle en ma poitrine,
  Dame, pour vostre amour, & sont encore en vous,
  Graces qu'a peu de gens la Nature destine.

C

SONET XLVIII.

I'ay dict cent fois, P A S C A L, & le veulx dire
  encore,
Que pluſtoſt l'Ocean ſans eaux demourera,
L'aigneau parmy les loups pluſtoſt s'aſſeurera,
Et ſans fleurs en Apuril ſeront Zephire & Flore.
Pluſtoſt d'eau de mon Loth blanchira lon vn More,
  Et contremont pluſtoſt ſon cours retournera,
  Et l'Aurore au matin en Occident ſera,
  Et le Soleil au ſoir où ſe leue l'Aurore:
Que ce traiſtre Baſtard de meſchance remply,
  Face oeuure qui ne ſoit en malice acomply,
  Veuf de grace & d'honneur, & de rude pointure:
Et pourra ce grand Tout ſe faire vn petit rien,
  Pluſtoſt que ie le cele, & que ie vueille bien
  A ce traiſtre Baſtard de peruerſe nature.

SONET XLIX.

O bien heureuſe nuict, à moy plus douce & chere
  Que ne me fut onc cher le iour le plus luyſant,
  Tu m'as fait ſi content d'vn ſi ioly preſent,
  Qw'il ne ſera iamais que ie ne te reuere.
Tu pouuois bien mon heur plus long tens ſatisfaire,
  Mais tu ne pouuois pas le faire plus plaiſant,
  Dont ie mercie Amour, qui mon mal appaiſant

M'a rendu bien heureux d'vne telle maniere:
I'euz presque le moyen de me pouuoir lasser,
Mais non de me saouler, de baiser embrasser,
Taster & caresser les beautez de m'amie:
Mais cela qui me fit bien heureux de tout point,
Ce fust qu'en ce plaisir d'allegresse endormie,
Ie songeois en songeant que ie ne songeois point.

SONET L.

Lors que le cler Soleil faisant place à la nuict,
Plonge son char doré dedans la mer profonde,
Et lors que par le ciel ses cheuaulx il conduit,
De ses raiz enflammés donnant lumiere au monde:
Bref de iour & de nuict le malheur qui me suit
Dessus moy miserable immobile se fonde:
Et si rien me soulage, & si rien ne me nuyt,
C'est le seul passetemps de la Muse faconde.
Les seuls vers de la Muse allegent mes ennuys,
Et seuls me font passer & les iours & les nuicts,
Quelque peu consolé parmy tant de martire:
Mais quoi? par mots couuers i'exprime mõ malheur,
Et celuy qu'on tourmente & qui ne l'ose dire,   „
Rengrege en se taisant soy mesmes sa douleur.   „

SONET LI.

Vn chacun qui me void le visaige si blesme,

Dit foubdain, GOHORI, que i'ai le mal françois,
  Et le dit tellement quelque part où ie fois,
  Qu'autre chofe ie n'ois, que le bruiĉt qu'on en feme:
A l'ouyr dire ainfi, ie le croiroy moi mefme
  S'en quelque endroit de moi quelque douleur i'auois,
  Mais i'ay les membres fains & facile la voix,
  Et ay toufiours la bouche en appetit extreme.
Sçais-tu, mon GOHORI, qui me fait eftre ainfi,
  C'eft vn trompeur efpoir qui me paift de fouci,
  Viuant trop incertain du fruiĉt de fa parole:
Mais qu'on m'ofte ce foing qui les efprits me rompt,
  Et lors ie reprendrai ma couleur fur le front,
  Et ferai quant & quant gueri de la verolle.

SONET LII.

Heureux mes yeux qui deués bien toft veoir
  Cette clarté d'où vient voftre lumiere,
  Heureufe main qui deués couftumiere
  Cette autre main doucement receuoir.
Heureux Amour qui fceuftes deceuoir
  Si cautement ma franchife premiere,
  Heureux mon cœur qui regettez arriere
  Tout autre bien pour cettuy conceuoir:
Apres qu'abfent i'ay fouffert vne peine
  Pire cent fois qu'vne mort inhumaine,
  Ie fens venir la fin de ma langueur,

Qui

Qui d'vn tel bien fait contante ma vie,
  Qu'à l'heur des dieux ne porte ores enuie
  Mon œil, ma main, mon amour, ny mon cueur.

SONET LIII.

Quand ie te voy, BIZET, auec ton Espagnolle,
  Alleger doucement ton amoureux soucy,
  D'vn acueil, d'vn baiser & d'vn riz adoucy,
  Et quand en l'acollant ie voy qu'elle t'acolle:
Vn tel brazier d'amour & m'eschaufé & m'afolle,
  Que ie vouldroy soubdain la caresser ainsi,
. Et vouldroy qu'elle encor me caressast aussi,
  Et l'en prirois soubdain, mais ie crains la verole:
Mais ie crains la verolle, & la crains à bon droit:
  Hé dieux! BIZET, hé dieux! et qui ne la craindroit
  Quand ell' difforme tant et fait tant de dommage,
Du Riz en a la face & le corps afollé,
  Quesnay en a le chef & le menton pellé,
  Quels exemples plus grans vouldrois-tu dauätage?

SONET LIIII.

I'auoy fait de mes pleurs vn fleuue spacieux,
  Où de fortune Amour par qui ie les distille,
  Faillit de se noyer, car son æsle mobile,
  Moitte de cette humeur, ne sceust voler aux cieux.
                                        C iij

Sans prendre long conseil, pour se garantir mieux,
Il feit de son carquois vne barque subtille,
Vn mast feit de son arc à naurer tant habille,
Et vne voile feit du bandeau de ses yeux.
De la corde de l'arc des cordaiges il feit,
Ses traits d'or & de plomb pour auirons il meit,
Et de mille souspirs il feit enfler sa voile:
Et voyant ma Maistresse à l'heure sur le bord,
Il inuoqua son aide, & paruint à bon port,
Ayant son œil diuin pour Phare & pour estoille.

SONET LV.

O beaux yeux bruns, ô regards destournez,
O chaults souspirs, ô larmes espandues,
O noires nuicts vainement attendues,
O iours luysans vainement retournez:
O tristes pleints, ô desirs obstinez,
O tens perdu, ô peines despendues,
O mille morts en mille retz tendues,
O pires maulx contre moy destinez:
O pas espars, ô trop ardente flame,
O douce erreur o pensers de mon ame,
Qui ça, qui là, me tournez nuict & iour,
O vous mes yeux, non plus yeux mais fonteines,
O dieux, ô cieux, & personnes humaines,
Soyez pour dieu tesmoins de mon amour.

Quel

SONET LVI.

Quel honneur penses-tu que ce te soit, Maistresse,
De me monstrer ainsi tant de fiere rigueur?
Le iour que ton bel œil enamoura mon cueur,
Ton œil me promettoit beaucoup moins de destresse.
Ne vois-tu point le tens qui nous suyt et nous presse?
Vois-tu pas cet œillet comme il perd sa couleur?
Vois-tu pas mon ennuy, ma peine & ma douleur?
Fais moy donc ie te pry quelque peu de caresse.
Si tu veulx d'vn regard mon cueur fauoriser,
I'attendray douze mois pour auoir vn baiser,
Pourueu qu'au bout du terme vn baiser tu me bail-
Ee si tu veux apres que i attēde en ligueur,   (les:
Six ans le dernier poinct, i'attendray de bon cueur,
Pourueu qu'au bout du terme aussi tu ne me failles.

SONET LVII.

S'esbayt-on, DVBVYS, si nostre vieil Cahours,
N'a gardé que si peu de sa vieille excellence,
Les vertuz on poursuyt, les vices on dispence,
Et l'amour & la foy n'ont desia plus de cours.
Si tost qu'vn garson naist, on le garnit d'atours,
On le flatte, on le gaste, aux honneurs on l'auance,
Et si tost qu'vne fille, on l'adextre à la danse,
Au chanter, au parler, tous aiguillons d'amours:

Dé ce train depraué cette cité si saincte,
N'auoit iadis tant d'heur & tant de gloire ateinte,
Qu'en pire estat, D V B V Y S, ne puisse elle finir:
Que ne corrompt le tens? mieulx valoiet noz aieulx
Que noz peres, helas! & nous valōs moins qu'eulx,
Et pis encor vaudront noz nepueuz aduenir.

SONET   LVIII.

Rossignollet ioly, qui dedans la maison
    Chantes de ma Maistresse, en vne estroite caige,
    Naguere tu soulois, libre par le bouscaige,
    Annoncer de ton chant la nouuele saison.
Mais ores plus content de ta douce prison,
    Tu ne veux que chanter ton bien heureux seruaige:
    Tout autre prisonnier perd soubdain le courage,
    Mais toi de l'augmenter as meilleure raison.
Ta prison est de bois, & de fer est la mienne,
    Tu t'attens de rentrer en la franchise tienne,
    Et moy plus malheureux n'espere iamais rien.
Toi de voir ma Maistresse as cent mille allegresses,
    Et moy pour l'auoir veuë ay cent mille destresses,
    Peusse-ie mon destin changer auec le tien.

SONET   LIX.

S'amour est vne ardeur, d'où me vient tant de glace?
                                                S'amour

S'amour est aueuglé,comment me fait il veoir?
S'amour est si doubteux,où pren-ie mon espoir?
Et s'il est vng plaisir,que n'at il en moy place?
S'amour est libre & franc, d'où vient donc qu'il
   m'enlasse?
S'amour est vne paix, que ne la pui-ie auoir?
S'amour est vne mort, que me vault le douloir?
Et s'il est vn repos, d'où vient donc qu'il me lasse?
S'amour ne blesse point, qui donc me naure ainsi?
S'amour est si ioyeux, d'où vient tant de souci?
Et si plus doulx que miel,d'où viết tất d'amertume?
Las! amour ne se plaist d'estre cogneu de nous,
   Et plus pour le cognoistre vn esprit se consume,
   Et moins il sçait en fin s'il est amer ou doux.

SONET LX.

Si i'aime autre que vous,ce penser bien humain,
   Qu'amour si doucement mit iadis en mon ame,
   S'en parte à l'heure-à l'heure, & ce beau feu, Ma-
   dame,
   Qui brusle dans mon cœur s'esteigne aussi soudain.
Si i'aime autre que vous,cest espoir me soit vain
   Que i'ay de paruenir au bien que ie reclame:
   Si i'aime autre que vous , ce bel œil qui m'enflame
   Me soit tousiours plus beau,et plus plein de dedain.
Si i'aime autre que vous,puisse-ie dans ma bouche,

N'auoir plus que souspirs, & la nuict en ma couche
Que regrets & tourmēts qui troublent mon repos.
Or ie n'aime que vous, & si n'ay pas enuie
.D'aymer autre que vous, changez donc de propos,
" Car ie ne sers Amour pour Rachel & pour Lie.

SONET LXI.

Veux tu sçauoir, LE CREC, pour quoi ie t'aime biē,
Ie t'aime bien le Crec, pour autant que tu m'aymes,
Et que noz amitiez sont toutes deux extremes,
Et ioinctes par sermens d'vn eternel lyen.
Que peut on desirer de bon heur & de bien
Plus qu'vn amy fidelle & qu'vn autre soimesmes?
Tous les honneurs mōdains & les Indiques gēmes,
Au pris d'vn vray amy i'estime moins que rien.
Pour toy ie soustiendroy le ciel & ses tempestes,
Pour moy tu combatrois vn serpent à sept testes,
Et pour toy volontiers ie descendroy la-bas.
Pour moy tu voudrois faire vne chose impossible,
Pour toy ie voudroy dire vne chose indicible,
Serions-nous pas ingrats de ne nous aimer pas?

SONET LXII.

Quand ie voy quelquefois Madame emmy la rue,
Qui

Qui tient tous les paſſans en esbayſſement,
Bien que de la veoir i'aye vn grand contentement,
Ie ne fay point ſemblant de l'auoir iamais veuë.
Mais quand dedans vn liĉt ie la tiens toute nue,
Et que nous nous baiſons l'vn l'autre ardantement,
Et que nous nous ſerrons l'vn l'autre eſtroitemẽt,
Il ne ſemble pas lors qu'ell' me ſoit incongnuë.
Ie ne dy point ſon nom, & dire ne le veux,
Pource que les amours qui ſont entre nous deux
Ie ne voudroy pour rien eſtre ſçeus de perſonne:
Il me ſuffit auſſi de cognoiſtre mon bien,
Et d'auoir en aimant la fortunne ſi bonne,
Que ie ſuis bien aimé ſans qu'il me couſte rien.

SONET LXIII.

Emerueillable eſprit que noſtre ſiecle admire,
Pour admirer ſi bien l'admirable beauté,
Ainſi puiſſe l'amour amollir la durté
De ta belle Admirée, où la beauté ſe mire:
Ie m'admire moymeſme en venant à te lire,
Tant la merueille eſt grande à veoir ſa cruaulté,
Tant la merueille eſt grande à veoir ſa priuaulté,
Diĉte admirablement ſur les nerfs de ta lyre.
Ie voy tous amoureux en toy ſe remirer,
Et en ſe remirant ton amour admirer,
Qu'admirable tu peins de couleurs nompareilles.

Et si i'ose iuger d'œuure tant merueilleux
Bien qu'il ne dresse au ciel vn sourcil orgueilleux,
Si l'oseray-ie mettre au reng des sept Merueilles.

SONET LXIIII.

M. Hola, Charon, Charon Nautõnier infernal.
C.   Qui est cest importun qui si pressé m'appelle?
M.   Cest l'esprit éploré d'vn amoureux fidelle,
     Lequel pour bien aimer n'eust iamais que du mal.
C.   Que cherches tu de moy? M. le passaige fatal.
C.   Qui est ton homicide? M. ô demande cruelle!
     Amour m'a fait mourir. C. iamais dãs ma nasselle,
     Nul subget à l'amour ie ne conduis à val.
M.   Et de grace, Charon, reçois moy dans ta barque.
C.   Cherche vn autre nocher, car ny moy ny la Parque,
     N'entreprenons iamais sur ce maistre des dieux.
M.   I'iray donc maugré toy, car iay dedans mon ame
     Tant de traicts amoureux, & de larmes aux yeux,
     Que ie seray le fleuue, & la barque, & la rame.

SONET LXV.

E M E, quand Tolomée eust enuoié la teste
De Pompée à Cesar, Cesar pour couurir mieux
L'aise qu'il en sentoit, fit soudain de ses yeux
Escouler mille pleurs, & n'en feit autre feste.

Quand

Quand Hannibal auſsi veit finir ſa conqueſte,
  Et veit perir ſon heur, ſeize ans victorieux,
  Encor que le deſtin luy fuſt trop ennuieux,
  Il couuroit ſon deſpit d'vn rire bien honneſte.
Ainſi l'homme prudent couure ſa paſsion
  Sous vng manteau contraire à ſon affliction,
  Et fait touſiours ſemblant d'eſtre côtent & libre:
Partant ſi quelquefois tu m'ois rire ou chanter,
  Ne penſe que ce ſoit pour me ſentir deliure,
  C'eſt pour couurir le mal qui me vient tourmenter.

SONET LXVI.

Inutille deſir, interditte eſperance,
  Cauteleuſe penſée & vouloir aueuglé,
  Larmes, plainctes, ſouſpirs & tourment dereiglé,
  Donnez ou paix ou treſue à ma longue ſouffrance.
Et s'au mal le dedain ny l'oubly n'a puiſſance,
  Et que ie doiue ainſi ſans fin eſtre comblé
  De tant & tant d'ennuy dans mon ame aſſemblé,
  Face la mort ſur moy ſa dure violence:
Ou le ciel promptement me foudroie le chef,
  Car ie n'ay point de peur de nul mortel meſchef,
  Pouruen qu'en treſpaſſant ma peine ne me ſuiue:
Sus donc Amour, va-ten, retire toy, a dieu,
  Ta force en mon endroit demeure ores oiſiue,
  Puis que nouuelle playe en moy n'a plus de lieu.

SONET LXVII.

Viuons, Belle, viuons & fuiuons noſtre amour,
  De cent diuers plaiſirs bien heurant noſtre vie,
  Sans eſtimer en rien le babil de l'enuie,
,, Qui du bon heur d'autruy ſe tourmente touſiour.
Le ſoleil s'en va bien & reuient chacun iour:
  Mais depuis que la Mort noſtre vie a rauie,
  Et qu'vne fois en bas noſtre vmbre la ſuiuye,
  Il ne fault plus, Maiſtreſſe, eſperer du retour.
Suyuons donques heureux noſtre amour fortunée,
  Et viuons peu ſoigneux du iour à la iournée,
  Sans ſonger aux ialoux, n'au treſpas inhumain.
Periſſe cettuy-la qui d'ardente malice
  Braſſe vn mal deſſus nous, & cil auſſi periſſe
  Qui ſe ronge l'eſprit du ſoing du l'endemain.

SONET LXVIII.

A quel nectar, NAVIERE, ou à quelle ambroſie,
  Pourroit-on la douceur de l'amour égaller?
  De quel plus beau ſubget pourriõs nous bien parler,
  Que parler de l'amour dans noſtre poëſie?
De quel aiſe po rroit noſtre ame eſtre ſaiſie?
  Dequoy mieux que d'amour la pourriõs nous ſouler?
  Si n'eſtoit la fureur qui nous vient affoller,
  De cette malheureuſe & faulce ialouſie.

C'eſt

C'eſt vn ſerpent caché ſous vn monceau de fleurs,
C'eſt vn monſtre cruël qui ſe paiſt de noz pleurs,
Et nous fait, & fait faire à nous meſmes la guerre.
De rage & venin il nous empliſt les ſeins,
Il trouble noz repos, noz heurs & noz deſſeins,
Bref, c'eſt pour les humains vng enfer ſur la terre.

SONET LXIX.

Maiſtreſſe, ie vouldroy, ie vouldroy bien deſcrire,
Deſcrire bien le mal, le mal que i'ay pour toy,
Pour toy i'endure tant, i'endure tant d'eſmoy,
Qu'à la fin tu prendrois pitié de mon martire.
Ie ſay bien quelque fois, quelque fois à ma lyre,
A ma lyre chanter, chanter quelle eſt ma foy,
Quelle eſt ma foy, helas! helas! mais ie ne voy,
Comme dire mon mal, car il ne ſe peult dire.
Si tu ſçauois Amour, l'amour dont ie ſuis plain,
Dont ie ſuis plain, helas! tu ne voudrois qu'en vain
I'aymaſſe ſi long temps les beautez de ſa face.
Mais il ſemble à la veoir, à la veoir que tu veulx,
Que tu veulx ignorer le mal dont ie me deulx,
Afin que pour guerir en aymant ie treſpaſſe.

SONET LXX.

Autre que ie ne ſuis on ne me ſauroit faire,

Et si l'ardeur d'amour enflamme mes esprits,
Et si ie fais des vers dignes de quelque pris,
C'est irriter les Dieux de dire le contraire:
D'où vient donques, PILA, qu'vn ieune secretaire,
Vn orgueilleux mignon de la molle Cipris,
Mon amour & mes vers ose mettre à mespris,
Faisant d'vn œuure saint vn iugement vulgaire?
,, Il est vrai qu'vn autheur reçoit bien peu souuent
,, Son honneur merité, tandis qu'il est viuant,
,, Et qu'on void la vertu tousiours estre foulée:
,, Mais vn qui trop enflé n'a rien de bon en luy,
,, Ne trouue voluntiers rien de bon en autruy,
,, Et fait ses iugements tousiours à la volée.

SONET LXXI.

Hé qu'a bon droit Petrarque a tenu ce propos,
Que le lict d'vn amant est vn camp de bataille,
Amour dedans le mien & d'estoc & de taille
Tout le long de la nuict me naure sans repos.
Iay beau crier mercy, i'ay beau chanter son loz,
I'ay beau iouer du luth, iouer au pallemaille,
Et changer de seiour, car où que ie m'en aille
Et quoi, las! que ie face il m'est tousiours à doz,
Il m'est tousiours à doz, le Tiran, & sans cesse
Et de nuict & de iour il me blesse & reblesse,
Sans egard ne pitié des maulx que i'ay soufferts.

Si

Si ie penſoy par mort pouuoir finir ma peine,
Ie me la donneroy tant ſoit elle inhumaine,
Mais ie crains qu'il me ſuiue encores aux enfers.

SONET LXXII.

A toute heure ie voy croiſtre l'ire & l'orgueil
De l'orage cruël qui ſi fort me tempeſte,
A toute heure ie voy cent flots deſſus ma teſte,
Pour me faire en vn gouffre vn horrible cercueil.
Mon bateau n'eſt chargé que d'angoiſſe & de dueil,
Et quelque tens qu'il face il eſt touſiours en queſte,
L'anchre, c'eſt ma raiſon qui iamais ne l'arreſte,
Pour peur d'vn vēt cōtraire ou crainte d'vn eſcueil.
Toy dōc, mō AVANSON, qui vous quel eſt l'orage,
Et qui peux, ſi tu veux, me ſauuer du naufrage,
M'eſloingnant du danger, du mal & du ſoucy,
Mets la main au tymon, & me fais faire voile
En plus heureuſe mer, & ſous plus douce eſtoile,
D'vn fauorable vent m'enleuant hors d'icy.

SONET LXXIII.

De tant d'aſpres tourments qu'en aymāt ie ſupporte,
De tant d'aigres ennuis qui la guerre me font,
Et de tant de dedaings que iay peints ſur le front,
La ſeule Pacience allegement m'apporte.

D

La seule Pacience ouure & serre la porte
De mon cœur amoureux, & se tient au profond,
Et plus le mal m'afflige & ma force se fond,
Et plus cette Deesse aisement vne conforte.
Quand les vertus iadis remonterent aux cieux,
Cette Deesse-cy par le vouloir des dieux
Demeura pour confort au monde miserable:
Aussi ie l'y retrouue, & luy fais chacun iour
Sur vn autel sacré vne offrandre agreable,
Pour estre si propice au mal de mon amour.

SONET LXXIIII.

De tous ceux que lon dit estre heureux plus que moy,
Et moins que moy, BELLAY, ont merité de l'estre,
L'vn est ambicieux, flateur, menteur & traitre,
Et l'autre est ignorant, sans amour & sans foy.
L'vn souffle le Mercure & n'admire que soy,
L'autre porte la clef des plaisirs de son maistre,
Voulant pour peu d'effet grande chose apparoistre,
Et l'autre est impudent pource qu'il a dequoy.
L'vn simple en ses propos fait de la chatemite,
L'autre en tous ses effets les vieux singes imite,
Et l'autre ypocrisant feint le nouueau chrestien.
L'vn peu fin courtisan cuidant tromper se trompe,
L'autre frisque & plaisant ne sert que d'entretien,
Et l'autre trop bragard se destruit en sa pompe.

Ce

SONET LXXV.

Ce n'est point d'vn catherre, ou d'vne fieure tierce,
　Que ie suis, CASTELLAN, à present tourmenté,
　Vn beaucoup plus grand mal offence ma santé,
　Et sans fin dessus moy ses cruautez exerce.
Cêt Archer qui les Dieux et les hommes trãsperce,
　Cêt Amour mal piteux qui n'a point de clarté,
　Ce felon rauisseur de nostre liberté,
　Cause ce mal en moy de sa flesche peruerse.
Ie n'ay veine ny nerf, muscle, artere ny os,
　En qui, mõ CASTELLAN, ce mal ne soit enclos,
　Gueris moy donc pour dieu, de ce venin extreme.
Apollon t'a donné son pouuoir de guerir:
　Mais comment pourrois tu par luy me secourir,
　S'il n'a sceu quelque fois se secourir soymesme?

SONET LXXVI.

Demeurer, CHARBONIER, captif en liberté,
　Estre assailly d'vn coup d'esperance & de crainte,
　Auoir de maltalent & d'amour l'ame ateinte,
　Pour chercher la douceur ne trouuer que fierté,
Auoir l'air tenebreux plus cher que la clarté,
　Auoir dedãs le cuœur tousiours l'angoisse emprainte,
　Les larmes dans les yeux, dans la bouche la plainte,
　Les souspirs, les sanglots, le dueil & l'aspreté,

Deſirer que la mort ne rauiſſe ma vie,
Puis ſoudain deſirer qu'elle me ſoit rauie,
Eſtre en flamme & en glace, ore foible, ore fort:
C'eſt la mer amoureuſe ou ſans voile & ſans rame,
Pour Tramontane ayant le bel œil d'vne dame,
Ie vogue nuict & iour ſans rencontrer le port.

SONET LXXVII.

Que verrez vous mes yeux deſormais d'agreable,
Puis qu'il me fault partir & changer de ſeiour?
Que verrez vous mes yeux & de nuict et de iour,
Qui ne vous ſoit par tout par trop eſpouuentable?
Quel chemin prendrez vous, qui ne ſoit deſuoyable
Pauures pieds douloureux, attendant le retour?
Vous oreilles auſſi pleines de mon amour,
Que pourrez vous ouir qui ne ſoit effroyable?
Bouche que ferez vous? ie me paiſtrai de fiel,
Et de criz & de pleints ie rempliray le ciel.
Mains que toucherez vous? toutes choſes horribles.
Et toy mon pauure cueur? ie mourray de langueur,
Sus donq apreſtez vous à ces tourments terribles,
Pauures yeux, pieds et maïs, bouche, oreilles et cueur.

SONET LXXVIII.

Si l'enfant de Venus aſſeruit noz eſprits

Par

Par les subtils rayons d'vne beaulté diuine,
Vous qui craignez le coup de sa flesche maline,
N'aprochez point d'icy, de peur d'estre surpris.
Car dedans les beaux yeux de cet autre Cypris,
Qui sont honte au Soleil qui le monde illumine,
Amour a mis son arc & sa trousse yuoirine,
Et les rets dont les Dieux & les hommes sont pris.
Fuyez donques vous tous qui d'amour auez crainte,
Mais nõ, ne craignez point vne si douce attainte,
Car c'est vn bien grãd heur de lãguir pour ses yeux:
Voyez donques heureux ceste image si belle,
Et quand enamourez vous languirez pour elle,
Voyez la viue encor, vous en languirez mieux.

SONET   LXXIX.

MAGNY mon frere aisné, on dict en vn adage,
  Que cil boiue de l'eau à qui deffault le vin,   ,,
Et cel'file le chanure à qui deffault le lin,   :,
Et qu'en faisant ainsi l'vn & l'autre est plus sage. ,,
I'ay ia mis à seruir le meilleur de mon age,
I'ay ia plus voyagé que le Grec le plus fin,
Sans qu'à ma seruitu i'aye peu mettre fin,
Ny gaigner en seruant tant soit peu d'auantage.
Mais que veux tu, mon frere, vn chacun auiourdhuy ,,
Soit il grand ou petit ne songe que pour luy,   ,,
Tenu plus qu'à nul autre à sa propre fortune.   ,,

„ *L'amy fauche à l'amy l'herbe deſſous le pié,*
„ *Et celuy dont on croit le mieux eſtre appuyé,*
„ *C'eſt celuy le premier qui dict qu'on importune.*

SONET LXXX.

Ronſard d'vne Marie a naguere chanté,
　Et naguere il chantoit ſa Caſſandre diuine,
　Dubellay ſur les nerfs de ſa lyre Angeuine,
　A dit diuinement d'Oliue la beaulté.
Baif a par deux fois doctement lamenté,
　Ores chantant l'amour d'vne douce Melline,
　Ores chantant celuy d'vne fiere Francine,
　Et l'vn & l'autre nom dans le ciel a planté.
Thiard en ſes Erreurs chante vne Paſithée,
　Tahureau dit l'honneur d'vne belle Admirée,
　Deſautels vne Sainte, & de noms empruntez
Chacun de ces amants nomme la dame ſienne,
　Mais moy qui plus content vys aueques la mienne,
　Ie ne fains point ſon nom pour chanter ſes beautez.

SONET LXXXI.

Par ces beaux yeux où ſe niche mon cueur,
　Et d'où depend & ma mort & ma vie,
　Par mon amour, & celle ardante enuie
　Que i'ay de veoir terminer ma langueur.

Par

28

Par Apollon, & son laurier veinqueur,
  Par Euphrosine & Aglaie & Thalie,
  Par Helicon, par l'eau de Castalie,
  Et par le chef du Parnasside chœur.
Par tous les dieux, & tous les elemens,
  Par tous les cieux, & tous leurs mouuemens,
  Qu'à mon serment i'inuoque ores sans feinte,
Mon cher BILLOT, sur ta main ie promets,
  Que vif ny mort ie n'enfraindray iamais
  L'estroite foy de nostre amitié sainte.

SONET LXXXII.

Que nul soit si hardy de mon amour blasmer,
  Ny penser rien que bien de ma belle Antonine,
  Herouard des long tens ayt enflammé la Tine,
  Et Viard plus ateint s'en aille l'enflammer.
Le crec soit tout rauy pour l'Isabelle aymer,
  Gohory tout modeste acoure à la Faustine,
  Castin nouueau venu aille à la Florentine,
  Et Saint Iulien s'en aille à la Clere alumer.
La Moudenine soit l'ardeur de Brageloigne,
  De Paule de Fourly, Duquesnay ne s'esloigne,
  Pila, pour sa Lucrece ait le cueur langoureux,
Tous sont heureux amãts & leurs dames heureuses,
  Mais ie suis seul contant entre les amoureux,
  Et l'Antonine est seule entre les amoureuses.

D iiij

SONET LXXXIII.

Cette nuit en dormant, i'ay entendu la pleinte
  D'vn garſon tremblotant qui frappoit à mon huis,
  Ouure moy, diſoit-il, car tant mouillé ie ſuis
  Que preſque de mon ſang la chaleur eſt eſteinte.
A l'heure de pitié ſentant mon ame atainte
  Ie me leue, & le mets dedans ma chambre, & puis
  Ie fay pour le ſeicher ce que faire ie puis,
  Mais oy, mõ SAVARON, ſa meſchãceté feinte.
Dez qu'il me void ſoigneux pour ſon bien m'empe-
    ſcher,
  Vn bel arc qu'il portoit il s'en vint deſchocher
  Traitrement deſſus moy dans ma poitrine ſaine:
Et depuis par ce coup i'endure plus d'ennuy,
  Que n'en euſt Menelas quand on rauiſt chez luy,
  Sous vn traitre ſemblant ſa belle eſpouſe Heleine.

SONET LXXXIIII.

N'agueres, mon RONSARD, du Bellay me diſoit,
  Que l'amour enflammoit plus que iamais ton ame,
  Ce n'eſt pas, di-ie alors, d'vne nouuelle flame,
  Car ains qu'icy ie vinſſe amour le maiſtriſoit.
Ce n'eſt pas, reſpond-il, celle qui l'attiſoit,
  Car il ſert maintenant vne nouuelle Dame,
  Et le petit archer mieux que iamais l'entame,
  Et luy fait dire mieux encor qu'il ne faiſoit.

Ha

Ha dis-ie lors, Bellay, que bien heureux il eſt
  D'aſſeruir ſon eſprit ainſi comme il luy plaiſt,
  Sans tant faire vne amour & iamais la parfaire:
Il me plaiſt, comme ailleurs, en ce lieu l'imiter,
  Et de Dame changeant tant de peine euiter,
  Pour voir s'vne autre amour me ſera ſi contraire.

SONET LXXXV.

DENISOT mon amy, quand Oreſte aperceut
  Le forfait que commit Egiſte enuers ſon pere,
  Il occit de ſa main ſon impudique mere,
  Pour ſon pere venger de la mort qu'il receut.
Mais le chetif helas! bien toſt apres conceut,
  D'vn ſi chault creuecueur vne rage ſi fiere,
  Qu'il deuint enragé, voire en telle maniere,
  Que de long tens apres guerir on ne le ſçeut.
En fin, Pilade print auec luy ſon adreſſe
  Au temple où s'honnoroit la vierge chaſſereſſe,
  Et là ce pauure Oreſte obtint ſa gueriſon.
Toi dõc, mõ DENISOT, qui ſçais quelle eſt ma rage,
  Guide moi ie te prie aux piés de mon image,
  Pour r'auoir comme luy ma peu caulte raiſon.

SONET LXXXVI.

Ie croi, BRINON, que d'vne autre Sydere,

En feu pareil ard ton cueur & le mien,
Car si tu n'as en l'aymant aucun bien,
D'elle aucun bien en l'aymant ie n'espere.
S'el paist ton cueur d'vn traictemenst euere,
El' paist le mien tout ainsi que le tien,
Et si tu meurs esclaue en son lyen,
Ie suis reduit en semblable misere.
Tous deux bruslez d'vne pareille ardeur,
Tous deux glacez d'vne mesme froideur,
Nous sommes serfs de deux dames haulteines:
Vn point te fait different d'auec moy,
C'est que lon t'aide à conter ton esmoy,
Et que moy seul conte toutes mes peines.

SONET LXXXVII.

Mille & mille flambeaux vne odeur espandoient
Qui passoit en douceur l'odeur de la Sabée,
Mille & mille autres voix appelloient Hymenée,
Et les vndes d'Isere Hymené respondoient.
A mille & mille ieux mille gens s'atendoient,
Et d'eux estoit, LONGPONT, la feste redoublée,
Aux nopces de ta sœur, quand parmy l'assemblée,
I'ouys dire à deux voix qui du ciel descendoient.
Amour & chasteté, dirent les voix ensemble,
Estreignez le lyen qui ce beau couple assemble,
Si qu'entre eulx deux s'engëdre vn eternel amour,
                                        Iupiter

Iupiter le confent, Iunon le fauorife,
La nuict fe feit foubdain claire comme le iour,
Et l'air fonna les noms de Ian & de Loyfe.

SONET LXXXVIII.

Que veux-tu tant fçauoir & tant aprendre, Dame,
Ne vois-tu pas à l'œil que pour flefchir la mort,
La doctrine ne vault, ny les arts, ny le fort,
Et moins pour la fuir, plume, efperon ny rame?
Miferable eft celuy qui fa pitié reclame,   ,,
Car elle ne regarde à foible ny à fort,   ,,
Mais tous egalement nous fait paffer le port,   ,,
Et d'vn iour incertain tient en doubte noftre ame. ,,
Ceulx-la qui de laurier ont le chef couronné,   ,,
Et ceux qui l'ont encor de myrthe enuironné,   ,,
Bref & princes & Roys ne s'en peuuent deffendre. ,,
Laiffons donc cet eftude, & viuons plus contens,
Eflifant & prenant cent mille paffetens,
Et qui fçait fi demain nous les pourrions reprendre?

SONET LXXXIX.

Ie fens mon cueur par larmes diftiller,
Sous les rayons d'vne flamme fubtile,
Comme au Soleil la neige fe diftille,
Ou comme au vent fe perd la nuë en l'air.

Qui void au feu la glace defgeler,
  Qui fçait qu'en l'eau la flamme eft inutile,
  Cettui-la fçait qu'vne Nymphe gentile
  Me fait ainfi par larmes écouler.
Rien n'eft pourtant plus benin que fa face,
  Rien n'eft aufsi plus courtois que fa grace,
  N'y rien encor plus vif que fes efprits:
Mais tant eft fort l'honneur qui la maiftrife,
  Qu'lle fans fin fuyuant fon entreprife,
  Detefte & fuyt mon amour entrepris.

SONET XC.

(affeurée,

Mon diuin P A R D E I L L A N, qui d'vne æfle
  Voles iufques au ciel & reuoles ça bas,
  Où recherchant accort ce qui ne fe pert pas,
  Tu t'acquiers vn bon heur d'eternelle durée.
Ores tu vas chantant fur la lyre dorée
  Mille beaux vers latins, qui n'ont peur du trefpas,
  Ore aufsi d'en fonner en françois tu t'esbats,
  Rendant de toi l'Itale & la France honnorée.
Moy chetif efploré par vn ingrat malheur,
  De tous mes longs trauaux ne reçoy que douleur,
  Ny de tout mon efpoir aucun fruict ne retire:
Et fuys perdu fi toy qui les Mufes cheriz,
  Et qui des Mufes es vn des plus fauoriz,
  Par le fon de tes vers n'apaifes mon martire.

SONET XCI.

L'vn vantera l'or frisé de ces treſſes,
  L'autre cet œil qui fait honte au ſoleil,
  L'autre ce teint de cinabre vermeil,
  L'autre ce riz pour ſes delicateſſes.
L'autre ce port imitant les Déeſſes,
  Ou ces deux brins de coral nompareil,
  Ou cette voix qui charme d'vn ſommeil
  Le fier orgueil des plus fieres rudeſſes:
Mais ceſt eſprit qui deſcendu des cieux
  Flambe icy bas comme au temple des Dieux
  Flambe Cynthie, ou Venus, ou l'Aurore:
Ie veulx ſans plus ſur ma lyre chanter,
  Et de l'oubly ſes vertuz exempter,
  Maugré le tens qui les ans nous deuore.

SONET XCII.

Ie recherchoy dans le ſein des plus vieux,
  Qui demella cette maſſe profonde,
  Où combatoient le feu, la terre, & l'onde
  Confuſement auec l'air & les cieux:
Quand mon P A S C H A L, d'vn zele curieux,
  Me mena voir la merueille du monde,
  L'autre Apollon à la perruque blonde,
  Ce ſeul C O M P E I N, le bien aymé des dieux.

Heureux P A S C H A L , heureuse la rencontre,
  Qui tout d'vn coup heureusement me monstre
  Mille tresors dont nostre age est doré,
Heureuse encor ma Clion qui l'adore,
  Puis que les vers sainctement il honnore,
  Et que des vers il est tant honnoré.

SONET XCIII.

Pleust-il à dieu qu'ores entre mes bras
  Ie tinsse à nu ma gaillarde Cyprine,
  Dans ce beau lict, où clos d'vne courtine,
  Et seul & seur, ie pers dix mille esbats.
Ie me paistroy de mille doux apasts,
  Ore en baisant sa leure coraline,
  Ore embrassant son espaule yuoirine,
  Et redoublant mille amoureux combats:
Et si tandis ie voioy que la belle,
  Feust tant soit peu farouchement rebelle
  A mes plaisirs, craignant quelque danger:
Ie luy donroy parmy sa mignardise
  Des passetens en si diuerse guise,
  Qu'en l'asseurant ie l'y feroy renger.

Mon

Mon Compaignon s'eſtime & ſe plaiſt de ſe veoir,
 Il eſt diſpoſt, bragard & plein de gentilleſſe,
 Il oſte le bonnet, il courtiſe, il careſſe,
 Et fait quelque fois plus que ne veult le deuoir.
Il ſe plaiſt d'en deſpendre, & ſe plaiſt d'en auoir,
 Il ne veult frequenter que tous gens de nobleſſe,
 Il blaſme ceulx qui ont en eulx quelque fineſſe,
 Et dit qu'il fait grand cas des hommes de ſçauoir.
Ce ſont de fort beaux dons, & dignes qu'on les priſe,
 Mais il eſt ignorant, & remply de feintiſe,
 Et aux ruſes de court dextrement enſeigné,
Il eſt moqueur, menteur, & plain de flaterie,
 Meſdiſant & ialoux: Iuge donc ie te prie,
 Si ie ne ſuis, BELLAY, fort bien acompaigné.

RESPONCE.

Que ton Compaignon ſoit bragard & bien en point,
 Qu'il ſoit diſpoſt, honneſte & plain de gentilleſſe,
 Qu'il oſte le bonnet, qu'il hante la nobleſſe,
 Qu'il chãge tous les iours de chauſſe et de pourpoint,
Qu'il ayt cet aiguillon qui tout le monde poingt
 De vouloir eſtre grand, qu'il courtiſe & careſſe,
 Qu'il blaſme ceulx qui ont en eulx quelque fineſſe,
 S'il te plaiſt en cela il ne me deſplaiſt point.

Il ne me deplaiſt point que les ſçauans il priſe,
  Mais qu'il ſoit ignorant & remply de feintiſe,
  Qu'il ſoit moqueur, menteur, & tel comme au
    iourd'huy
Sont noz mignons de court, cela ne me peult plaire:
  Et pour dire en deux mots, MAGNY, que c'eſt
    de luy,
  C'eſt vn bon courtiſan, & mauuais Secretaire.

SONET XCV.

Ce n'eſt pas moy qui ſçait d'une voix feinte,
  Ou d'vn ſemblant traitrement deguiſé,
  Feindre mon cueur d'vn amour embraſé,
  Pour à tous vents la flamme en eſtre eſteinte.
Autre que moy d'vne menteuſe plainte
  Aura l'honneur des dames abuſé,
  Car ſois-ie pris, ou ſois-ie refuſé,
  I'ayme touſiours d'vne amitié plus ſainte.
Et ſi chantant d'une debile voix,
  Ou ſi pleurant deuant vous quelque fois,
  I'ay decelé mon amour & ma peine,
  Aſſeurez vous que le cueur qui ſentoit
  Vn plus grand mal, mon chant ne deſmentoit,
  Ne rendez donc mon eſperance vaine.

                                    Comme

SONET XCVI.

Comme vn blanc à sagette Amour a fait mon ame,
  Comme neige au soleil, et comme cire au feu,
  Et comme nuë au vent, mais il t'en chaut bien peu,
  Et m'aides tousiours moins quãd plus ie te reclame.
De ton œil brunissant sort le coup qui m'entame
  Contre qui ne me vault helas! ny tens ny lieu,
  De toi seule procede, & non du petit Dieu,
  Le soleil, & le feu, & le vent que m'espame.
Mon penser amoureux est le trait si cuisant,
  Ton visaige diuin le Soleil si luysant,
  Et mon desir ardant la flamme poursuiuye,
De quoy amour me poingt, m'aueugle, et me destruit,
  Et ta voix est le vent au deuant de qui fuyt
  Trop vistement helas! ma miserable vie.

SONET XCVII.

Cil escriue de toy qui d'vn œillet vermeil,
  Pense fleurer l'odeur aux poingnantes orties,
  Voir des astres du ciel les flammes amorties,
  Et veoir en Occident l'Aurore & le Soleil.
Celuy face de toy vn œuure nompareil,
  Qui se veult voir à droit tenaillé des enuies,
  Et qui veult en mourãt voir deux nõs et deux vies,
  S'endormir tout au coup d'vn eternel sommeil.

                    E

Cil escriue de toy qui veult perdre sa peine,
 Qui ne beut onc de l'eau de la docte fonteine,
 Ny mascha du laurier sur le double coupeau.
Cil escriue de toy sur le vent, ou sur l'onde,
 Qui veult semer ton nom vainement par le monde,
 Et veoir son nom & luy sous vn mesme tōbeau.

SONET XCVIII.

Aspre cueur, & sauuaige, & fiere volonté,
 En tant douce, & tant humble, angelique figure,
 Si voz grandes rigueurs plus longuement i'endure,
 Vous aurez peu d'honneur de m'auoir surmonté.
Soit l'automne, ou l'yuer, le printens, ou l'esté,
 Ou soit-il iour luysant, ou soit-il nuict obscure,
 Ie me plains en tout tens de ma rude auanture,
 De Madame & d'Amour sans cesse tourmenté.
» L'espoir seul me fait viure, & me fait souuenir
» Que i'ay veu maintesfois par espreuue aduenir,
» Que l'eau par trait de tens les grās marbres entame:
» Et qu'il n'est point de cueur si dur ne si cruël,
» Qu'on ne puisse amollir d'vn pleur continuël,
» Ny de si froid vouloir qui par fois ne s'enflame.

SONET XCIX.

Donques il sera vray qu'vn Bastard mesdisant
En qui l'art tout contraint, erre sans la nature,

A don-

A dõner aux grãds Roys vn loz qui tousiours dure,
  Sera par vn Ronsard estimé suffisant?
Le Tybre aille son cours contremont conduisant,
  L'aigneau parmy les loups prenne sa nourriture,
  Et le iour plus luysant deuienne nuiÉt obscure,
  Et la plus noire nuiÉt deuienne iour luysant.
Les oiseaulx desormais habitent aux fonteines,
  Et desormais aux champs habitent les baleines,
  Et tout par tout encor se change en l'vniuers,
Le feu, la terre, l'air, & les vndes marines,
  Puis qu'il est vray, B E L L A Y, qu'vn Ba-
    stard si peruers,
Ronsard a mis au reng des personnes diuines.

S O N E T   C.

Ne me puniz, Seigneur, ny me donne la mort,
  Si i'adore ça bas vne humaine figure,
  Tu l'as faiÉte ainsi belle, & si c'est ta faÉture,
  Comme en l'aymant ainsi te puis-ie faire tort?
Ie sçay que les erreurs te deplaisent bien fort,
  Mais c'est pour apaiser sa rebelle nature,
  Qui nous fait dans le cueur vne grande blesseure,
  Sans nous donner apres remede ny confort.
Si quelcun veult fuyr euitant sa viÉtoire,
  Du Soleil qu'il voyoit il void vne nuiÉt noire,
  Et reste si confuz qu'il perd sa liberté.
                          E ij

S'il te plaiſt donc, Seigneur, que plus on ne l'adore,
Et que pour elle ainſi tant d'ennuy nous deuore,
Fais ſa douceur plus grande, ou moindre ſa beauté,

SONET CI.

DALECHAMPS mõ amy, ſi dans ton Auicẽne,
Ou dans ton Hippocrate, ou Galen tu as veu,
Quelque herbe pour guerir le venin que i'ay beu,
Sauue moy ie te pry de peril & de peine.
I'ay pour les beaux yeux brũs d'vne douce inhumaine
Tant de mal dans le cueur, de venin & de feu,
Que s'on ne me guerit, ie ſens bien peu à peu
Ma force qui ſe fond, & ma tombe prochaine:
Ie ne ſuis plus celuy que i'eſtoy parauant,
I'embraſſe ores vne ombre, & cours apres le vent,
Et naige en vne mer qui n'a ny fonds ny riue:
I'eſcry tous mes penſers & les ſeme dans l'eau,
Ie cherche auſſi dans l'air la traſſe d'vn oiſeau,
Et chaſſe ſur vn beuf vne biſche fuitiue,

SONET CII.

M. Amour, las! ie me meurs. A. qui te donne la mort?
M. La mort me donne, helas! la mort me donne celle,
Qui deſcendit du ciel ſi rebelle & ſi belle
Pour me faire mourir ſans eſpoir ny confort,

Magny

A. Magny dy moy son nom.*M.* Amour vous auez
De vous moquer ainsi de ma peine mortelle: (tort
Car vous sçauez trop mieux comment elle s'apelle,
Seule au monde viuant qui force vostre effort.
A. Vraiment ie la cognoy,mais i'ay si grande honte
De ne l'auoir domptée & voir qu'elle me dompte,
Que ie n'ose monstrer cognoissance en auoir.
M. Va t'en donques Amour fraudé de ton ateinte,
Et vous tristes amans qui craignez son pouuoir,
Craignez Madame seule,& de luy n'aiez crainte.

SONET CIII.

Ie cherche paix,& ne trouue que guerre,
Ores i'ay peur,ores ie ne crains rien,
Tantost du mal & tantost i'ay du bien,
Ie vole au ciel & ne bouge de terre.
Au cueur doubteux l'esperance i'enserre,
Puis tout à coup ie luy romps le lyen,
Ie suis à moy & ne puis estre mien,
Suyuant sans fin qui me fuyt & m'enferre.
Ie voy sans yeux, ie cours sans desplacer,
Libre ie suis & me sens enlaçer
D'vn poil si beau que l'or mesme il egale:
I'englace au feu, ie brusle dedans l'eau,
Ie riz en pleurs,& ronge mon cerueau,
Chantant tousiours comme fait la cigalle.

SONET CIIII.

N'aguere ma Maiſtreſſe eſtoit en vne egliſe,
  Où de bon heur, MOYEN, i'eſtoy ſemblablement,
  Quand ie vys vn milier d'hommes enſemblement,
  Reſter eſmerueillez de beauté tant exquiſe.
Bien heureux, diſoient ils, qui n'a plus de franchiſe,
  Et qui pour telle dame endure du tourment,
  Biē heureux qui la voit, mais plus heureux vraimēt
  Celuy qui quelque fois auec elle deuiſe.
Bien heureux eſt celuy qui la peult courtiſer,
  Et plus heureux encor cil qui la peult baiſer,
  Mais plus heureux cent fois qui ſe voit aymé d'elle.
Bien heureux ſuis-ie donc, ce diſoi-ie à part-moy,
  Qui l'ayme & ſuis aymé, & la baiſe & la voy,
  Et parle quand ie veulx & couche auecques elle.

SONET CV.

Ie ne veulx point attendre à deſſendre la-bas,
  Quand, vieillard radoté, ie n'auray dent en bouche,
  Ainçois veux qu'au cercueil auſſi toſt on me couche
  Que ie n'auray plus force aux amoureux combats.
L'homme vieil eſt priué de tout genre d'esbats,
  Il eſt touſiours aſſis comme vne vieille ſouche,
  Il crache ſeulement, & touſſit, & ſe mouche,
  Et ſans fin tremblotant il a peur du treſpas.

                                        Il re_

Il regrette le tens de sa gaye ieunesse,
   Et si quelque aiguillon le poingt en sa vieillesse,
   C'est l'auarice, helas! qui le poingt seulement.
Il reuient en enfance, & fault qu'on le netye,
   Qu'on agence sur luy tout son habillement,
   Et fault qu'on luy redonne encor de la bouillie.

SONET CVI.

Pauure Aueugle qui vas en mandiant du pain,
   Et qui plains le malheur dont ta vie est pourueuë,
   Tu n'es seul contre qui la fortune est esmeuë,
   Elle ha mis dessus moy plus rudement la main.
I'ay bien veu quelquefois que i'estoy libre & sain,
   Mais ores i'ay perdu & le cueur & la veuë,
   Toy d'vn fidele chien seurement par la ruë,
   Et moy estant guidé d'vn Aueugle incertain.
Nous mandions tous deux pour substanter noz vies,
   Mais tu meux à pitié ceux à qui tu mandies,
   Et nul n'en veult auoir de mon mal douloureux.
Ton ame est en franchise, & captiue est la mienne,
   Vy donques plus content en l'infortune tienne,
   Puis que ie t'acompagne & suis plus malheureux.

SONET CVII.

Quand ie suis quelquefois assis dans le giron,
   Ou couché dans les bras de ma belle Maistresse,

Et qu'vn plaisant sommeil les paupieres me presse,
Transportant mon esprit aux riues d'Acheron:
Si quelque importun chien aboye à l'enuiron,
Et que par ses aboys le sommeil me delaisse,
Lors de mille baisers la belle ie caresse,
,, A quelque chose aussi quelque malheur est bon.
Ie pers le doux sommeil par le chien qui aboye,
Mais par le chien aussi se redouble ma ioye,
Car dez que le sommeil s'en volle de mes yeux,
Ie baise tant & tant & rebaise la belle,
Que non que le sommeil, mais le nectar des Dieux,
N'égallent les douceurs que ie prends auec elle.

SONET CVIII.

Aux plus froids iours que l'yuer nous apporte,
Quand d'auec vous nagueres ie partoy,
Vostre portrait qu'en mon sein ie portoy,
Me renflammoit d'vne nouuelle sorte.
Ie voioy bien comme la bise forte
Perçoit de froid ceux auec qui i'estoy,
Mais sa rigueur iamais ie ne sentoy,
Par la vertu de cette imaige morte.
Regardez donc si de vostre œil veinqueur,
Le vif portrait peult eschauffer mon cueur.
Puis que le mort le peult si bien atteindre?
Bien heureux est qui sent ce feu si doux,

Et

Et plus heureux qui le sent prez de vous,
Quand il le peult heureusement esteindre.

SONET CIX.

Le vaincre est en tout tens digne d'une grand gloire, ,,
  Soit qu'on l'aye par sort, ou d'art industrieux, ,,
  Mais celuy rēd, MOREL, son heur moins glorieux ,,
  Qui de sang espandu fait belle sa victoire. ,,
Celuy merite un bruit d'eternelle memoire ,,
  Qui de garder les siens vaillamment curieux ,,
  Met l'aduersaire en routte, & fait victorieux, ,,
  Ne met plus en hazard sa fortune notoire. ,,
D'une de ces vertuz, IARNAC en un cāp cloz,
  Deuant toute la France eterniz a son loz,
  De l'ennemy vaincu taschant sauuer la vie.
De l'autre ton POVLAIN clere preuue nous feit,
  Ayant receu du Roy la faueur desseruie,
  Quand cinq cens Espaignolz naguere il desconfit.

SONET CX.

Ces iours passez comme Amour vouloit tendre,
  Son arç doré pour mon ame offencer,
  Il aperceut Madame s'auancer,
  Qui de ce coup acouroit me deffendre.
Lors en tel point il se sentit surprendre,

Que plain d'effroy, ie luy vey commencer
Vn train qui peult tous les vents deuancer,
Tant peult Madame inutile le rendre:
Mais en fuyant, ses traits ie vey tomber,
Et tout soubdain la belle se courber,
Qui les print tous. Depuis Cupidon erre
Tout desarmé, plein d'vn amer ennuy,
Et ma Cypris des despouilles de luy
Fait ore aux Dieux côme aux hommes la guerre.

SONET CXI.

Quand le sort enuieux haulsa la fiere main,
Ton frere meurtrissant d'vn iniuste tonnerre,
Peult estre pour ne veoir de nouueau sur la terre,
Vn Pyrrhe, vn Alexãdre, ou vn autre Aphricain:
Toute Itale trembla d'vn effroy inhumain,
Voire tout ce que l'Austre & l'Ourse encore serre,
Et eust le monde peur d'vne eternelle guerre,
Car le ciel ne fait pas tels presages en vain.
Ah mort impitoyable! ah malheureuse mort!
Pouuois tu pas ailleurs adresser ton effort,
Sans nous faucher ainsi nostre esperance verte.
Plaignez le dõc Autheurs frãçois, latins & grecz,
Et tãt que vous voudrez, faites grãs voz regretz,
Ils ne seront iamais si grands comme la perte.

Dame

38

SONET CXII.

DAME, ie viens à toy ce poignard en ma main,
Afin de te prier de finir mon martire,
Ou bien en me donnant le bien que ie desire,
Ou bien m'outreperçant de ce fer inhumain.
Auras tu donc sur moy telle ire & tel dedain,
Que du don de mercy me vouloir escondire?
Auras tu donc sur moy tel dedain & telle ire,
Que vouloir de ce fer m'outrepercer le sein?
Sus-sus ne tarde plus, ie voy bien à ta mine
Que tu me veux ficher ce fer dans la poitrine,
Prens le donc, le voilà, occis moy vistement,
Amour reçoy mon ame, & m'oste cette peine,
I'ay vescu peu de tens, mais trop heureusement,
Si ie n'eusse onques veu cette Dame inhumaine.

SONET CXIII.

AMOVR, qui vois tout seul tout mon peser ouuert,
Et comme en te suyuant nuict & iour ie tracasse,
Allege vn peu mõ cueur du tourmẽt qui l'embrasse,
Mon cueur à toy cogneu à tout autre couuert.
Tu scais pour te suiuir l'ennuy que i'ay souffert,
Tu vois ma pacience & ma foy qui se lasse,
Et tu ne'veux pourtant que i'esloigne ta trasse,
Ainçois me fais tousiours te suiure en ce desert.

I'aperçoy bien de loing le feu dont tu m'alumes,
  Mais ie n'ay comme toy pour y voler des plumes,
  Et fault que i'aille ainsi sans espoir de confort.
Mourray-ie donc? ouy. Mourons donc à cette heure,
  Il ne m'en chault, pourueu qu'en biē aimāt ie meure,
  Et pourueu que Madame ayt plaisir en ma mort.

SONET CXIIII.

Viue qui viure peult content allaigrement,
  Car ie ne vis, PASCHAL, qu'en estat miserable:
  Gouste qui peult gouster vn plaisir agreable,
  Car ie ne gouste rien que tristesse & tourment.
Sente qui peult sentir son heur abondamment,
  Car ie ne sens plus rien qu'vn malheur effroyable:
  Prenne qui prendre peult du repos amyable,
  Car ie n'ay que trauail & peine incessamment.
Paisse qui paistre peult son penser d'esperance,
  Car ie ne pais le mien que de dure souffrance,
  De souspirs & de pleurs, d'ennuys & de douleur.
N'ay-ie donc pas raison, mon PASCHAL, si ie
  pleure,
  Et si ie blasme ainsi le ciel de mon malheur?
  Mais ainsi va celuy qui naist en la male-heure.

SONET CXV.

Ie te veux, DVQVESNEY, conter vne nouuelle,

                                              Et

39

Et s'elle ne te plait ne ten courrousse point,
  La Paule de Fourly n'a plus cet en-bon point,
  Qui iadis marteloit tant d'amoureux pour elle.
Ses os perçent sa peau, sa face est toute telle
  Qu'vn œillet trop laué qui a perdu son teint:
  Ses sourcils sont tombez, son poil est tout desteint,
  Et bref quoy qu'elle dye elle a la pelarelle.
Elle a casse la voix, elle a noires les dens,
  Et le nez & la bouche infectez au dedans,
  Les mëbres tous percluz fors la main qui luy trëble.
Elle a l'estomac plain de crachats & de toux,
  Le chef couuert de roigne, & la iambe de loups,
  Bref elle a la pelade & la verolle ensemble.

SONET CXVI.

Porter dessus vn mont vn rocher inhumain,
  Qui retombast sans fin & redoublast ma peine,
  Se trauailler d'emplir vn crible en la fonteine,
  Et voir desesperé mon trauail estre vain:
Repaistre tous les iours vn oiseau de mon sein,
  Et pour m'en garentir toute aide m'estre vaine,
  Auoir tousiours à doz vne Rage inhumaine,
  Ou pres de mille fruits mourir tousiours de fain:
Attendre sur vn roc l'Orque le plus terrible,
  Auoir deuant mes yeux vne Meduse horrible,
  Et cent Harpyes voir de ma table à lentour,

I'aymeroy cent fois mieux,que ce tourment extreme
Que me donne & redonne,& de nuiёt & de iour,
Sans eſpoir de confort la crueёlle que i'ayme.

SONET CXVII.

Ainſi qu'ʋn Diament eſt plus beau que le ʋerre,
Et comme le Soleil la grand lampe des Dieux,
Eſpand plus de clartez ſur les flancs de la terre,
Que tous les autres feux qui reluyſent aux cieux:
Ainſi les doux rayons qui ſortent de tes yeux,
Aſſez forts pour forcer le fort Dieu de la guerre,
Et tes rares beautez obſcurciſſent le mieux,
Des plus rares treſors que l'ʋniuers enſerre.
Nature en ſon parfait auſſi te compaſſa,
Puis t'ayant faite ainſi le moule elle caſſa,
Pour ne faire que toy,à toy-meſmes ſeconde.
Qui dōques ʋoudra ʋeoir ʋn œuure plus qu'humain,
Qu'il viēne ʋeoir tes yeux,mais qu'il viēne ſoudain,
,, Car la plus grand beauté dure le moins au monde.

SONET CXVIII.

Ie ne ʋeux plus,BELLAY, trauailler mes eſprits,
Et veiller nuiёt & iour pour les lettres aprendre,
Et ne ʋeux les beaux traiёts dãs les liures cōprēdre,
Mais pluſtoſt oublyer ceux-la que i'ay compris.

Les ſçauans auiourdhuy ſont tous mìs à meſpris,
  Et les grands au ſçauoir ne daignent plus attendre,
  Les bouffons ſeulement ils ſe plaiſent d'entendre,
  Et ceux qui font ſeruice au meſtier de Cypris.
I'ay veu ce grãd Guerrier qui Preſtre ore veut viure,
  Chaſſer vn qui venoit luy preſenter vn liure,
  Afin de retenir vn bouffon prés de luy:
Et ſe moquant de ceux qui ſe plaiſent à lire,
  Dire publiquement qu'vn bouffon le fait rire,
  Et qu'vn homme ſçauant ne luy donne qu'ennuy.

SONET CXIX.

Comme vn bon laboureur qui ſeme en vne plaine,
  Où ne feuſt onc ſemé, le meilleur de ſon grain,
  Et met tant d'induſtrie auec le tens ſerain,
  Qu'il void du bled meury la cuillette prochaine:
Si par foudre, ou par vent, ou par greſle inhumaine,
  Le champ eſt ſaccaigé d'vn oraige inhumain,
  Lors le laboureur perd le trauail de ſa main,
  Mais ce n'eſt ny par ſoing, ny par faulte de peine.
Ainſi mon AVANSON, ayant ſemé de luy
  La faconde attrayante au papat du iourduy,
  L'alyant aux François par ſa prudence caulte:
Si la Treſue a rompu les deſſeins deſia meurs,
  Lors qu'on pẽſoit cuillir le fruiɛt de ſes labeurs,
  Noſtre eſpoir eſt fraudé, mais ce n'eſt par ſa faute.

SONET CXX.

Quand vn chant sur le luth ma Maistresse fredône,
  Il me semble que i'oy le Poulac fredonner:
  Et quand ie l'oy par fois vne fluste entonner,
  Il me semble que i'oy Ian Dauit qui l'entonne.
Quand l'ame à quelque chant de sa voix elle donne,
  Il me semble que i'oy Lambert la luy donner:
  Et quand de l'espinette encor ie l'oy sonner,
  Il me semble que i'oy Ian du Gay qui en sonne.
S'elle escrit prose ou vers, ou s'el deuise & parle,
  I'oy ce semble Duthier, & Saingelais, & Carle,
  Discourir par escript, composer, & parler.
S'elle ouure quelque fois, ou s'el peingt, ou s'el balle,
  La Flamande, Ianet & Virgille elle egalle,
  A faire vn bel ouurage, à pourtraire & baller.

SONET CXXI.

Ce nouuel an ie veulx pour le deuoir
  Vous estreiner d'vne nouuelle estreine,
  Non d'vn tresor, mais d'une foy certaine,
  De qui la mort ne peult la fin auoir.
De grand beaulté, de grace, & de sçauoir,
  Et de vertu ie vous troue si pleine,
  Que qui pour vous prend tant soit peu de peine
  N'a plus grand heur que de la receuoir.

Puis

Puis que le ciel vous a faite ainſi belle,
  Vous n'euſtes onc vne fortune telle
  Que d'eſprouuer l'amoureuſe douceur.
D'hommes & dieux l'amour eſt eſtimée,
  Receuez donc mon amour & mon cueur,
  Et en aymant aprenez d'eſtre aymée.

SONET CXXII.

Ie ne ſçaurois aymer ce meſdiſant doĉteur,
  Qui touſiours de trauers toutes choſes regarde,
  Ny cet autre mignon qui tout en tout ſe farde,
  Ny celuy qui malin m'oſte vn bon ſerniteur.
Ie ne ſçaurois aymer vn courtiſan flateur,
  Ny vn qui bouffonant l'vn & l'autre brocarde,
  Ny vn qui rien du ſien pour ſoy-meſmes ne garde,
  Content de s'appouurir pour eſtre bon preſteur.
Ie ne ſçaurois aymer le ſeruice d'vn maiſtre
  Qui ne veult rien tenir de ce qu'il veult promettre,
  Ny cil qui les abſens prend plaiſir de blaſmer.
Ny cettuy là qui taille & à dextre & à gauche,
  Ny celuy qui, peruers, deſſous le pied me fauche
  L'eſperance que i'ay, ie ne ſaurois aymer.

SONET CXXIII.

Sus, leue ces papiers, deſcharge m'en la table,

Et ne m'en monſtre aucun, Battylle, d'auiourd'huy,
Car ie ne veulx rien voir qui puiſſe faire ennuy,
Et ne veulx faire rien qui ne ſoit deleſtable.
Ce iourd'huy me ſoit feſte, & nõ point iour ouurable,
Mon Capi eſt venu, & pour l'amour de luy
Ie veulx prendre mõ aiſe, & m'eſloigner d'autruy
Pour auecques luy ſeul l'auoir plus agrëable.
Ie veulx donner vn peu de treſue à mon amour,
Ie veulx de craye blanche auſſi marquer ce iour,
Et ne veulx inuoquer que le gay Pere libre.
Ie veulx rire & ſaulter cõme vn homme contant,
Ie veulx faire vng feſtin pour y boire d'autant,
Et ne men chault pas fort encor que ie m'enyure.

SONET CXXIIII.

Le ciel voyant que de ce qu'il m'honnore
Ie me rendoy froidement ocieux,
Pour me donner vn ſubget precieux,
Feit naiſtre en bas voſtre belle Pandore.
Voyant auſſi le ſoing qui vous deuore
Du bien public nuiſt & iour ſoucieux,
A voſtre gré l'embellit de ſon mieux,
A voſtre gré la deſtinant encore.
Au ciel naſquit beaulté tant excellente,
El vint du ciel afin que ie la chante,
Ie chante donc des celeſtes beautez.

Le ciel

Le ciel benin a voftre gré l'ordonne,
Du ciel vient donc la chanfon que ie fonne,
Et du ciel vient l'aife que vous fentez.

SONET CXXV.

Mon Dieu que cefte trefue a le nez alongé
  A ceux là de qui moins elle eftoit attenduë,
  Ceftuy-cy d'un cofté fon attente ha perduë,
  Et en tous fes deffeins femble qu'il ait fongé.
Ceux-cy creuent de dueil d'auoir tant voyagé,
  Et de veoir vainement leur peine defpenduë,
  Ceux-cy perdent du tout leur caufe deffenduë,
  Et ceux-cy par defpit demandent leur congé.
Cettuy-cy qui cuidoit de la vaillance fienne
  Regaigner le bon heur qu'il perdit deuant Sienne,
  S'en va plus que iamais de vengeance alteré.
Cettuy fe void fruftré de fa charge nouuelle,
  Cettuy n'efpere plus qu'à Rome on le rapelle,
  Et cettuy fe repend de feftre declairé.

SONET CXXVI.

A péine encor, du vulgaire écarté,
  Ie m'acoftoy de Virgille & d'Horace,
  Quand la beaulté d'vne quatriefme Grace
  Emprifonna ma franche liberté.

                              F ij

A peine encor i'entreuy la clarté
 Qui luyt, si douce, en sa diuine face,
 Quand enflammé d'vne nouuelle audace,
 Son nom par moy feut au ciel emporté.
Ores à peine ay-ie peu receuoir,
 Mon cher VAILLAC, le bien de te reueoir,
 Que ce liuret humblement ie te donne:
En attendant qu'autrement agité
 Dessus l'autel de l'immortalité,
 Les hymnes sainEts de ta gloire ie sonne.

SONET CXXVII.

Ce que i'ayme au printens ie te veulx dire, MESME,
 I'ayme à fleurer la rose, & l'œillet, & le thin,
 I'ayme à faire des vers, & me leuer matin,
 Pour au chant des oyseaux chanter celle que i'ayme.
En esté, dans vn val, quand le chault est extreme,
 I'ayme à baiser sa bouche, & toucher son tetin,
 Et sans faire autre effet faire vn petit festin,
 Non de chair, mais de fruiEt, de freses & de cresme.
Quand l'Autōne s'aproche et le froid viēt vers nous,
 I'ayme auec la chastaigne auoir de bon vin doux,
 Et assis pres du fe s faire vne chere lye.
En hyuer, ie nz puis sortir de la maison,
 Si n'est au soir masqué, mais en ceste saison
 I'ayme fort à coucher dans les bras de m'amie.

Celuy

43

SONET CXXXVIII.

Celluy qui ſuyt la court , ſ'il n'eſt heuré des cieux
D'y pouuoir demeurer librement & ſans peine,
Sent dedans chacun nerf & dans chacune veine
Couler de iour en iour vng traiɛt ambicieux.
Il a touſiours l'eſprit veillant & ſoucieux,
Qui comme vif argent ſe tourmente & demeine,
Il baſtit en reſuant cent chaſteaux ſur l'arene,
Et n'arreſte iamais ny les piés ny les yeux.
Et ce pendant qu'ainſi le pauuret ſe tempeſte ,
Et qu'il ne ſonge point à la mort qui le guette,
Elle l'enuoye en-bas fraulɗé de ſon eſpoir. (ſuyure,
C'eſt pourquoi, REMBOILLET, les courts ie ne puis
Et pourquoy mes deſirs n'aſpirent qu'au ſçauoir,
Et qu'en viuant ainſi ie n'ay ſoing que de viure.

SONET CXXXIX.

Apres auoir, PASCHAL, d'vne ſçauante main
Remply de cent diſcours ton hiſtoire immortelle,
Ornant noſtre grand Roy d'une gloire auſſi belle,
Que celle d'Alexandre, & du ieune Aphricain.
Voy ie te pry, PASCHAL, de quel trait inhumain
Amour fait en mon cœur vne playe nouuelle,
Et de quelle chanſon ie celebre la belle
Qui me tient langoureux ſur ce fleuue Romain.

F iij

De iour en iour ie change & de poil & de face,
Mais Amour dedans moy ne chāge point de place,
Ains me naure toufiours des raiz de deux beaux
	yeux.
Ie fuis du tout à luy, & n'ay rien en moymefme,
Mais quoy? c'eft mō deftin, & pluftoft que ie n'ayme
La mer fera fans eaux & fans aftres les cieux.

SONET CXXX.

Long tēs ains que le ciel, Madame, vous feit naiftre,
	Voftre Aftre vous auoit ce bon heur deftiné,
	Pour effacer vn iour le tourment obftiné
Qui d'ung fi long ennuy m'a contraint de repaiftre.
Heureufe donc cent fois la delicate dextre,
	Par qui pour tant de mal, tant de bien m'eft donné,
	Et plus heureux encor, encor plus fortuné
Celluy qui vous cōduit pour mon heur me remettre.
Mille & mille milliers d'autres dames en vain
	Ont pour me deliurer fur mon chef mis la main,
	Mais nulle onques ne peult me tirer hors de peine:
Auffi foit en douceur, ou foit en loyauté,
	Ou en perfection de diuine beaulté,
Sās nulle autre bla, mer vous eftes plus qu'humaine.

SONET CXXXI.

Ce que ie t'ay autresfois prefenté,

			Et qu'au-

44

Et qu'autresfois tu receuz de ta grace,
Ie viens encor presenter à ta face,
Pour estre encor de ta grace accepté.
S'il y auoit de la temerité,
Veu ta grandeur, & ma qualité basse,
Diuin Prelat, excuse mon audace,
Car telle audace excuse a merité.
Iupiter prend la plus petite offrande   »
D'aussi bon cueur comme il prend la plus grande,   »
Egallement des peuples & des Rois.   »
Vne œuure aussi quand elle est bien descritte,   »
S'elle a ce bien de bien plaire vne fois,   »
Ne peult desplaire estant dix fois redüte.   »

SONET CXXXII.

Si ie vouloy punir mon hayneux, & qu'il pleust
  Aux dieux que mes souhaits vainemēt ie ne feisse,
  Afin que desastreux de tous poinEtz ie le veisse,
  Oy, BIZET, ie te pry que ie voudroy qu'il feust.
Autant que le Breton ie ne voudroy quil sceust,
  Mais bien qu'il eust de luy la paresse & le vice,
  La iambe de Bonard, pour bien faire exercice,
  Et que pour voir plus cler ses yeux encore il eust.
Qu'il eust la main pareille à celle de Marseille,
  Les sourcils & la barbe à Duquesnay pareille,
  Et qu'il eust le genou tel que Gohory l'ha.

L'espaule Du Sueur, & le bras de son Maistre,
Dy moy donc ie te pry s'vn homme auec cela
Seroit pas bien en poinct & facile à cognoistre?

SONET CXXXIII.

Puis que le cler Soleil veult apparoistre aux cieux,
  Et que ie voy desia la rougissante Aurore
  Qui de ses raiz vermeils le ciel d'Inde colore,
  Sus-sus chassons, BELLAY, ce sõme de noz yeux.
Allons passer aux champs ce loisir ocieux,
  Pangeas auecques nous y viendra bien encore,
  Et qu'vn chascun de nous à son reng rememore
  Ses antiques amours d'vn chant soulacieux.
Imitons les oiseaux qui par ces verds boucaiges
  Au gazouil des ruysseaux degoizẽt leurs ramaiges,
  Bienueignant de leurs voix l'Aurore à son retour.
Voyla ia Gohory, qui de sa main apreste
  Vn chapeau verdissant qui ne craint la tempeste,
  Pour cil qui ce iourd'huy chãtera mieux d'Amour.

SONET CXXXIIII.

Garde toy, VERNASSAL, garde toy ie te prie
De ce faux courtisan qui trompe hõmes & dieux,
Qui taille à tous costez, & qui n'a rien de mieux
Que faintise, mensonge, orgueil, & flaterie.

45

Il bruſle dans ſon cueur d'auarice & d'enuie,
 Il a d'un baſilic le regard & les yeux,
 La langue d'un ſerpent, & d'un Ours furieux
 La rage & la fierté pour tourmenter ma vie.
S'on luy diét rien de bon, il n'en retiendra rien,
 N'ayant l'eſprit capable à retenir le bien,
 Mais ſon diét quelque mal, il le note & raporte.
S'il a beſoing de moy, il me flatte, & me dit
 Qu'eſtãt pres de mõ maiſtre, il me priſe & ſupporte,
 Et touſiours toutesfois le meſchant en meſdit.

SONET CXXXV.

Puis que mes pleurs me font ſi peu de bien,
 Et que le vent tous mes ſouſpirs emporte,
 Et que pitié pour mon ſecours eſt morte,
 Et qu'à mes criz on ne me reſpond rien.
Que ne ſe rompt viſtement ce lyen
 Qui me tient pris en angoiſſe ſi forte,
 Ou pourquoy, las! a fin que mieux i'en ſorte,
 Ne voy-ie boire au fleuue ſtygien.
Tout le penſer qui mon eſprit deſtourne
 D'aupres de celle où captif il ſeiourne,
 Me fait mourir triſtement douloureux:
Et cettuy là qui me tient aupres d'elle
 M'afflige auſſi d'une peine mortelle,
 Suis ie pas donc doublement malheureux?

SONET CXXXVI.

Seruez bien longuement vn seigneur auiourd'huy,
  Despendez vostre bien à luy faire seruice,
  Corrompez en seruant la vertu pour le vice,
  Et soiez attaché nuict & iour pres de luy,
Pour luy donner plaisir donnez vous de l'ennuy,
  Sans nul respect à vous seruez-le en tout office,
  Adonnez vous aux ieux dont il fait exercice,
  Et ne demandez rien pour vous ny pour autruy.
Continuez long tens, pour quelque bien acquerre,
  A le seruir ainsi, puis cassez quelque verre,
  Ou faillez d'un seul mot, vous perdez voltre espoir,
Vous perdez voltre tens, voltre bien, voltre peine,
  Et ne vous reste rien qu'vne promesse vaine,
  Et vn vain souuenir d'auoir fait le deuoir.

SONET CXXXVII.

Cêt impudent Rousseau qui contre verité
  Dit mille maulx de moy quand ie suis en absence,
  Qui ne fait rien qui vaille, & qui iamais ne pense
  Qu'à faire quelque prest de quelque charité.
Ce courtisan flateur plain de temerité,
  Plain d'orgueil, de venin, d'enuie & d'ignorance,
  A qui ie vois vser sans aucune aparence
  Plus de faueurs cent fois qu'il n'en a merité,
                                          RON-

46

RONSARD, c'eſt celuy-la qui ſi fort me tourmẽte,
Celuy ſeul, mõ RONSARD, par qui ie me lamẽte,
Et qui n'eſt iamais ſoul de me donner ennuy.
Mais quoy? tel blaſme autruy qui condãne ſoymeſme,
Et cil qui de tromper prend vn plaiſir extreme,
Ne ſe doibt lamenter s'il eſt trompé d'autruy.

SONET CXXXVIII.

MOYEN, feindre le ſourt en tout ce qu'on me dit,
Feindre d'eſtre muët à l'heure qu'on me tance,
Feindre ne ſçauoir rien des choſes d'importance,
Et feindre de n'auoir ny faueur ny credit:
De ce que ie requiers touſiours eſtre eſcondit,
Me paiſtre vainement d'vne longue eſperance,
Sur toutes les vertuz auoir grand pacience,
Et eſtre en tout par tout de franchiſe interdit.
Souffrir qu'indignement vn taquain me maſtine,
Faire à mes enuieux touſiours la bonne mine,
Sans m'oſer lamenter des torts que ie reçoy:
Apuyer mon eſpoir ſur vne lettre eſcrite,
Et ſur ce vain honneur d'auoir ſeruy le Roy,
Voyla tout ce, MOYEN, qu'à Rome ie profite.

SONET CXXXIX.

GORDES, dy moy qui c'eſt de tous mes enuieux,

Qui met tout le matin à se friser la teste,
A perfumer sa barbe auec de la ciuette,
A se froter les dens, & se lauer les yeux.
Qui prise moins que rien vn homme studieux,
Et pousse iusqu'au ciel vne ignorante beste,
Qui fait du resolu, du gentil, de l'honneste,
Et qui n'a rien en soy qui ne soit vicieux.
Qui ne cherche que blasme où l'innocence abonde,
Qui traistre courtisan, & l'un & l'autre sonde
Pour interpreter mal ce que lon dit en bien.
Dy, si tu le cognois, dy moy qui ce peut estre,
Mais ie le cognoy trop, pour dieu ne m'en dy rien,
Que maudit soit celluy qui me la fait cognoistre.

SONET CXLI.

D'où vient cela, BOVCHER, qu'entre les grans
   seigneurs
La courtoisie plaist, & l'orgueil ne peut plaire,
Et qu'on void de nature vn prince debonnaire,
Et que les mesmes Rois ne sont point blasonneurs?
D'où vient aussi qu'vn tas de mignons repreneurs
Qui n'ont art, ne sçauoir, qu'à se feindre, & se taire,
Ne sont iamais contens s'ils ne se voient faire
Mille fois en vn iour mille sortes d'honneurs?
Quand parfois ie rencontre vn prince emmy la ruë,
Il me rend mon salut, lors que ie le saluë,

                                          Et d'vn

47

Et d'vn petit ſous-riz monſtre vne grande bonté.
Mais lors qu'vn Financier ſeulement ie rencontre,
Qui s'enfle ſur le gain de la premiere monſtre,
Mon ſalut enuers luy n'eſt iamais rien conté.

SONET CXLII.

Que deſormais, GILBERT, toute choſe ſe rẽde
Deſplaiſante & obſcure aux hõmes & aux dieux,
Le iour ſoit ſans clarté, & la terre, & les cieux,
Et des aſtres encor l'eſtincelante bande.
Il eſt tens que Phebus en ſoy meſme s'offende,
Et tout teinct de douleur ſe cache de noz yeux,
Et qu'en ſa courſe ardante il deuienne ocieux,
Si que le iour ça bas iamais plus ne s'attende.
Le bon heur de ce ſiecle eſt ſi fort abatu
Et du faix & du fard qu'on donne à la vertu,
Que rien tant que le monde ores on ne deteſte:
Et par ce faulx Baſtard qui m'a voulu noircir,
Le Soleil par raiſon doit pluſtoſt s'obſcurcir
Qu'il ne fit pour Atrée, ou pour l'autre Thyeſte.

SONET CXLIII.

Si ie dy, DVBELLAY, que ie t'ayme bien fort,
Tu le crois ſi tu l'ois & chacun le doit croire,
Car ton ſçauoir priſé, ton merite & ta gloire

Font que cil qui ne t'ayme à soymesme fait tort.
Si ie dy que tu sois bien saige & bien accort,
  Cette double vertu à chacun est notoire,
  Notoire aussi par tout la fameuse victoire
Aquise par tes vers sur le tens & la mort.
Si ie dy que tu sois parfait amy d'espreuue,
  Chacun de tes amis veritable me treuue,
  Et void on bien à l'œil que ie ne mens en rien:
Dieu me gard, DV BELLAY, que ie die ou ie songe
  Parlant de mon Bastard qu'il soit homme de bien,
  Car cela voirement seroit vne mensonge.

SONET CXLIII.

Vous auez, IACOPIN, acquis vn grand renom
  Portreant Innocent si prés de la nature:
  Car on ne sçait à veoir cette morte peinture,
  Si luy mesme est pourtrait de son pourtrait, ou non.
C'est luy qui gouuerna sous Iules vn guenon,
  Et qui pour son guenon eust mainte prelature,
  Qui de la Panthe prend toute sa nourriture,
  Et qui n'a rien en soy d'innocent que le nom.
O dieux! s'il estoit peint auecques cette mine,
  Vn peu plus largement descouurant son eschine,
  Comme attendant l'estoc, pour en tirer vn traict.
Ie puisse mal finir, IACOPIN, si dans Rome
  Il fut onc veu pourtrait d'vn innocent ieune hõme,

                                 Qui

48

Qui tint du naturel tant que voſtre pourtrait.

SONET CXLIIII.

Thenot, ayant cherché par tous ces enuirons
  Longuement ſa Catin ſans en auoir nouuelle,
  A toy dit-il Siluan, vne pleine eſcuëlle
  Ie donray de fromaige & de bons Macquerons.
A toy grande Palés deux paires de chappons,
  A toy blonde Cerés cent eſpiz en iauelle,
  A toy Faune gaillard des œufs cuits à la poile,
  Et rouſtiz et bouilliz deux cens de beaux marrons
A toy vermeille Flore vne anche de cheureau,
  A toy chaſte Diane vn cerf en vn chaudeau,
  A toy Priape encor vn aſne à l'eſtuuée.
A toy Pan vn ſiſlet que i'ay fait de ma main,
  Et à toy ie donray Bacchus vn bouc eſtain,
  Si par quelqu'un de vous ma Catin eſt trouuée.

SONET CXLV.

Celuy vraiment eſt bien plus qu'ignorant luy meſme,
  Qui dit, mon cher Rouſſeau, que tu ſois ignorãt:
  Car qui veult voir de pres ton ſçauoir apparent,
  Et te dõne vn tel nom, cõmet vn grand blaſpheme.
Tu ſçais mentir par tout d'vne aſſeurance extreme,
  Tu ſçais aux lieux de paix getter le different,

Tu sçais tirer les vers du nez d'vn requerant,
Et faucher soubs le pied le fruict qu'vn autre seme.
Tu sçais trompeusement piper les veritez
Tu sçais galantement prester les charitez,
Tu sçais subtilement feindre l'homme fidele,
Tu sçais fausser la foy que tu vas promettant,
Tu sçais estre vn poltron: Bref tu sçais tant et tant
Qu'ignorant est celuy qui sçauant ne t'appelle.

SONET CXLVI.

Ce pédãt, mon PASCHAL, que tu fais ton histoire,
Ton doux style egallant au mieux disant Romain,
Icy, sans liberté, vn espoir inhumain,
Me tient pris en ses rets, & rit de sa victoire.
De cent papiers diuers ie brouille ma memoire,
Ie veille en trauaillant du soir au l'endemain,
Autre tire le fruict du trauail de ma main,
Qui plus est euidant & moins on le veult croire.
Ce n'est pas tout, PASCHAL, l'infame pauureté
De tant de longs ennuys redouble l'aspreté,
Et fait tous mes pensers aüssi fresles qu'vn verre
Mais plus doux, si i'en ay, me seront les biens faicts,
,, *Car celuy ne sçait pas que veult dire la paix*
,, *Qui n'a premierement esprouué de la guerre.*

PASCHAL

49

SONET CXLVII.

PASCHAL, ie voy icy ces courtiſans Romáins
  Ne faire tous les iours que maſques & boubances,
  Que iouſtes & feſtins, & mille autres diſpenſes,
  Ou pour leur ſeul plaiſir, ou bien pour les putains.
Ie voy vn Ganimede auoir entre ſes mains
  Le pouuoir de donner offices & diſpenſes,
  Toute ſorte de briefs, d'indults, & d'indulgences,
  Et faire impuniment mille aEtes inhumains.
Ie voy cet Innocent qui mandioyt n'aguiere,
  Pour auoir dextrement iouxté par le derriere,
  Maintenãt viure au reng des plus grãs demydieux.
Ie voy le vice infeEt qui les vertuz aſſomme,
  Ie voy regner l'enuie, & l'orgueil odieux,
  Et voila, mõ PASCHAL, des nouuelles de Rome.

SONET CXLVIII.

Que feray-ie, TRVGVET, dy moy que doy-ie faire?
  Puis que i'oy ce Prelat qui me deut auancer,
  Ne faire en le ſeruant ſans fin que me tanſer,
  De ce qu'il ma promis exploitant le contraire.
Si des maux qu'on me fait, touſiours ie me veux taire
  D'vn trop mordant ennuy ie me ſens offenſer:
  Et ſi ie veux auſſi ma pleinte commencer,
  Ie crains qu'on ne m'eſtime aſſez bon ſecretaire.

G

Pour faire donques l'vn & l'autre plus contens,
Et pour garder que plus ie ne perde mon tens,
Ce sera le meilleur de nous partir d'ensemble.
Ie me partiray donc? non, ie demeureray.
Ie demeureray, non: ainçois ie partiray.   (semble.
Dy moy pour dieu, T R V G V E T, dy moy ce qu'il t'ē

SONET CXLIX.

I'aymeroy mieux coucher dix nuiĉtz dessus la dure,
Voire dix iours d'yuer demeurer tout botté,
Suyuant la court du Roy nuiĉt & iour tout crotté,
Mal sain, & mal garny d'argent & de monture.
I'aymeroy mieux me voir dans la prison obscure
D'vn marrane Espagnol, quinze iours garroté,
En danger quinze iours destre si mal traiĉté,
Que d'eau seulle & de pain on fit ma nourriture.
I'aymeroy mieux auoir sur mer vn grand oraige,
Trente iours tout de reng en danger du naufraige,
Mais que de ce danger n'aduinsent les effeĉtz;
Que passer aux Grisons la Vrigue & la Berline,
Le pont de Camogasc, & le pont Arrasine,
Auecques leurs Marrons, & leurs Poiles infeĉtz.

SONET CL.

Si ceux qui n'ont iamais qu'à la vertu seruy,
                              Et qui plus

50

Et qui plus ont le cueur plain de grande conſtance
Pour faire, vertueux, à tous maux reſiſtence,
Eſtoient francz des tourmës ou l'hõme eſt aſſeruy.
MVRET, n'euſt point eſté faulſement pourſuyuy,
 Ny la fieure à preſent ne te feroit nuyſance,
 Ny ie ne verroy point contre mon innocence
 Tant de meſchans flateurs ſ'animer à l'enuy.
Mais quoy? mõ cher DOLV, egalement Dieu dõne, „
 Ou du bien ou du mal à chaſcune perſonne,   „
 Et trauaille ſouuent ceux qu'il ayme le mieux.   „
Car les hõmes meſchans qui font tant de blaſphemes, „
 Comme font ces hayneux, ſe puniſſent eux meſmes „
 Sans en laiſſer le ſoing ne le trauail aux Dieux.   „

SONET CLI.

THOVROVDE, que ie tiẽ auſſi cher que mes yeux,
 Pource que ton parler rien qui ſoit ne deſguiſe,
 Quand ie te voy par fois alors que ie deuiſe
 De ce galant Rouſſeau, qui m'eſt tant odieux:
Ie dy ſoubdain en moy, comme auez vous, ô dieux!
 Permus ſe reſſembler de face en cette guiſe
 Cettuicy qui n'a rien qu'ignorance & feintiſe,
 Et cettuy qui n'a rien qui ne vienne des cieux.
L'vn d'eulx que i'ayme biẽ me veult vn biẽ extreme,
 Et l'autre me veult mal comme auſſi ie ne l'ayme,
 Et toutesfois tous deux ſe reſſemblent ſi bien.

G ij

I'en parle ainſi *THOVROVDE*, a fin de luy
  déplaire,
Car le plus grand deſpit que ie luy ſçauroy faire,
C'eſt de l'acompagner de quelque homme de bien.

SONET CLII.

Apres auoir remis Boulongne en voſtre main,
  Auoir les Eſcoſſois ſauuez de toute oppreſſe,
  Auoir aux Alemans, d'vne main vengereſſe,
  Rendu la liberté ſur le fleuue Germain,
  Auoir d'vn cueur benin & d'vn vouloir haultain,
  Des Syennois affligez ſoulagé la deſtreſſe,
  Auoir de Corſe fait voſtre forçe maiſtreſſe,
  Et fait voſtre Piedmõt plus grand & plus certain,
Apres auoir acquis mille & mille autres gloires,
  Sans borner toutesfois voz fatales victoires,
  La Trefue viẽt vers vous, mais c'eſt biẽ peu d'hõneur:
Car vous ſerez vn iour maiſtre de tout le monde,
  Et dreſſant l'œil à Dieu, pourrez dire, Seigneur,
  A vous touche le ciel, à moy la terre & l'onde.

SONET CLIII.

Ne valoir rien à rien ſinon à rapporter
  Ce qu'on dit en ſecret, afin de mieulx complaire,
  A tous les bons eſprits touſiours eſtre contraire
                                        Et ſça-

51

Et sçauoir dextrement poulastres apporter.
Mesdire d'vn chacun, blasphemer & flater,
 Se plaire extrememment de uiure sans rien faire,
 Pres des hommes sçauans honteusement se taire,
 Et pres des ignorans hardiment caqueter,
Faire entre les paoureux du vaillant Dyomede,
 S'adextrer brauement aux ieuz de Ganimede,
 Estre en tous bons effects lentement ocieux,
Auoir le cueur peruers tout remply de fallaces,
 Estre ingrat, negligent, traistre & malicieux,
 Ce sont, mon cher ROVSSEAV, tes vertuz & tes
 (graces.

SONET CLIIII.

Estimez vous, LAVRENS, qu'vn esprit adonné,
 Comme ie sçay le mien a detester le vice,
 Doiue tousiours captif, demeurer en seruice,
 Trauaillant nuict & iour sans estre guerdonné?
Si ie suis en seruant à tort infortuné,
 Ie ne fais en seruant aucun mauuais office,
 Et tel ores sur moy exerce sa malice,
 Qui en fin, moy absous, en sera condamné.
Iupiter eust iadis pitié de Promethée,
 Et quand il eust long tens sa peine supportée
 Il fit occire l'aigle & le fit destacher:
Aussi pourront les dieux quelque fois pitié prendre,
 Des ennuyz qu'on me donne en cuidant me fascher

Car le mal pour le bien ne ſe doit iamais rendre.

SONET CLV.

EME, que i'ayme tant, monſtre moy par pitié
Le moyen d'euiter les ennuys qu'on me donne:
Car i'en ay tant & tant, helas! que ie m'eſtonne,
Comme i'en puis porter ſeulement la moitié.
Ie voy beaucoup de gens m'offrans leur amitié
  Auec mille bons motz, mais ie ne voy perſonne,
  Qui iamais les effectz au parler parangonne,
Et quine m'vſe en fin de quelque mauuaiſtié.
Si ie ſçauoy flatter, courtiſer, & meſdire,
  Faire le bon valet, dire les motz pour rire,
  Et bien hypocriſer, ie ſerois tout parfait:
Mais pource que ie ſuis fidele & veritable,
  Que ie ſers bien mõ maiſtre, & que ie ſuis aymable,
Vn chacun me veult mal, & dit mal de mon fait.

SONET CLVI.

Ie m'efforçoy d'enamourer la belle
  Qui de ſes yeux fait le monde amoureux,
  Non point pour moy, mais pour vn langoureux
Qui ſe mouroit cent fois le iour pour elle.
Alors qu'vn ſoir ma fortune fut telle,
  Que ie deuins moymeſme deſireux

                         Du bien,

52

Du bien, duquel ie taschoy faire heureux
Celuy pour qui ie faisoy la querelle:
Elle qui ia dedans son cueur sentoit
Le mesme mal qui le mien tourmentoit,
S'en apperçeut, & d'vne ardeur extreme
Me dit ainsi:Ne te plains pour autruy,
Mais pour toy seul, si tu sens quelque ennuy,
Car plus qu'à nul on attouche à soymesme.

SONET CLVII.

D'vn vieil mary, d'vn maistre rigoureux,
Et d'vn valet assez ne me puis plaindre,
Car c'est par eulx que ie ne puis ateindre
Au bien d'amour qui me fait langoureux.
Ma dame dit que ce n'est que par eulx
Qu'elle ne peult ma grand' ardeur esteindre,
Et qu'elle en meurt, mais qu'il fault tousiours crain
Mary, & Maistre, & Valet dangereux.   (dre
Ie le sçay bien, mais l'amour qui me poingt
Veult qu'aux dangers ie ne regarde point,
En estimant la difficulté moindre.
Ce que ie veulx, elle le veult ainsi,
Ce qu'elle veult, ie le veulx bien aussi,
Et toutesfois nous ne nous pouuons ioindre.

SONET CLVIII.

PRELAT sur qui i'ay mis toute mon esperance,
 Presterez vous tousiours l'oreille à ce flateur?
 Adiousterez vous foy tousiours à ce menteur
 Qui ne vault rien à rien sinon qu'en aparence?
Cherirez vous tousiours sa brutalle ignorance?
 Soufrirez vous tousiours qu'il soit si detracteur?
 Et qu'il mesdise ainsi de ce bon scruiteur,
 Qui seul & seur vous sert aux choses d'importãce?
Permettrez vous qu'on die ainsi publiquement,
 Que vous monstrez auoir bien peu de iugement
 De fauorir si fort vne si grande beste?
Orrez vous point vn iour comment le monde dit,
 Qu'il ne reçoit de vous ny faueur ny credit,
 Que pource qu'il conduit voz ieux de la brayette?

SONET CLIX.

PRINCE qui m'as chery par dessus mon merite,
 Te monstrant desireux d'estre seruy de moy,
 Il me plait de descrire vne chose de toy,
 Qui en prose n'en vers ne fut oncques descrite.
L'immortelle Vertu dans ton Palais habite,
 Pour compagnes ayant & l'amour, & la foy,
 Le repos, la raison, la iustice & la loy,
 Qui pour l'or corrompeur ne s'apaise, n'irrite.

Sur le

53

Sur le maiſtre portail eſt eſleué l'honneur
  Ayant au coſté droiɛt, veſtu d'or, le bon heur
  Qui porte dans ſa main deux cornes d'abondance.
De l'autre flanc on void la liberalité,
  Qui t'aquiert vng renom en l'immortalité,
  Qui fera pour iamais viure ton Excellence.

S O N E T   C L X.

Qu'on ne me parle plus, GILIBERT, de la gloire
  Qu'aquit iadis ça bas Hercule l'indompté,
  Que nul de ſes trauaux ne me ſoit raconté
Pour me faire plus grand ſon merite notoire.
Qu'on ne me parle plus de l'inſigne victoire
  Dont Theſee gaigna ſon immortalité,
  Ny de nul autre Heros: car en ma qualité,
Plus digne ie me ſens d'eternelle memoire.
On doit plus eſtimer ceſt effort que i'ay fait,
  Que d'auoir vaillamment mille monſtres deffait,
  Et eu mille lauriers en guerdon de ma peine:
Car contre la couſtume, & l'eſpoir d'un chacun,
  Ayant couru, veſcu, & pris ſur le commun,
  I'ay rapporté de Rome, & ma barbe & ma cheine.

R E S P O N S E.

Six & ſix fois ſans plus Hercule a eſprouuée

Sa force, mais tu as mille assaux soustenu
Dedans Rome, & t'en es a la fin reuenu
Triomfant pour ta barbe & ta cheine sauuée.
Ta gloire sera donq' sur la sienne éleuée
Par celuy qui aura les Harpies cognu
Qu'il t'a falu combatre, & qui ont retenu
Ta vertu, qu'elles ont leur maistresse trouuée.
La chaine du François, par coustume ancienne,
Fut tousiours le butin de la putain Romaine,
Mais la tienne a vaincu cette auare rapine:
Si bien, qu'estant ce fait de prés consideré,
Il semble que tu as des Enfers retiré,
Le propre rameau d'or qu'on donne à Proserpine.

SONET CLXI.

Amour a fait de moy vn Enfer tout nouueau,
Où superbe il se tient gouuernant comme maistre,
Et d'autant de tourmés qu'aux Enfers on dit estre,
D'autant ou plus encor' il m'emplit le cerueau.
Vn Tantale ie suis pres des fruictz & de l'eau,
Mouràt de fain & soif sans me pouuoir repaistre:
Au nombre de ces Sœurs aussi lon me peut mettre,
Qui s'efforçent d'vn crible épuiser vn ruysseau.
Vn Ixion ie suis, qui moy-mesmes me tourne,
Et me fuys, & me suis, & iamais ne seiourne:
Vn Sisyphe ie suis tout chargé de soucy.

Mon

54

Mon œil eſt vn vray Stix, vn Vulcan mon aleine,
  Mais par tel point Amour me fait ore eſtre ainſi,
  Qu'il me plait ne bouger iamais de ceſte peine.

SONET   CLXII.

Si tu veux, COMPAGNON, eſtre eſtimé plus ſa-
  Il te fault gouuerner vn peu plus dextrement, (ge,
  N'eſtre trop exceſſif en ton acouſtrement,
  Pour ne porter iamais acouſtrement en gaige.
Eſtre modeſte à table, & modeſte en langage,
  Eſcroquer les putains vn peu plus rarement,
  Et ne iouër iamais, contre ceux meſmement
  Qui ſe moquent de toy quand ils ont l'auantage.
N'emprunter que le moins que tu pourras d'aucun,
  T'aquiter quand tu peulx à l'endroit d'vn chacun,
  Courtiſer vn peu mieux que tu ne fais ton maiſtre,
N'aller faire l'amour ſans apporter dequoy,
  Ne faire des feſtins à plus riches qu'à toy,
  Et c'eſt comme plus ſage eſtimé tu dois eſtre.

SONET   CLXIII.

S'il eſt ainſi que vous m'aymiez, Maiſtreſſe,
  Et que mon cueur vous ayez accepté,
  M'ayant le voſtre en change preſenté,
  Aiez pour dieu pitié de ma deſtreſſe.

Le meſme mal qui voſtre eſprit oppreſſe
  Eſt celuy-la dont ie ſuis tourmente,
  Rendez en donc l'vn & l'autre exempté,
  'Et en plaiſir changez noſtre triſteſſe.
Ce qui vous deult cauſe que ie me deulx,
  Mais de vous vient la ſanté de tous deux,
  Rendez vous donc de ceſt ennuy deliure:
  „ Car cil qui ſouffre & qui ſe peult guerir,
  „ Et toutesfois ne ſe veult ſecourir
  „ Eſt malheureux,& indigne de viure.

SONET CLXIIII.

Tant de diuers penſers naiſſent de mon penſer,
  Que pour penſer ſi fort ie ne ſçay que ie penſe,
  Et en tant de façons mes penſers ie diſpenſe,
  Qu'en penſant ie ne ſçay comment les diſperſer.
Ie voy bien qu'on deburoit mon mal recompenſer,
  Mais ie voy toutesfois mon mal ſans recōpenſe,
  Et tant plus à mō bien moy-meſmes ie m'auāce,
  Et tant moins à mon bien on me veult auancer.
Tout mō biē et mon mal mō peſer me fait naiſtre,
  Or' de mal or' de bien me forçant de me paiſtre,
  En faiſant mes eſpritz & marriz & contens.
Tout ce que ie demande il m'accorde & refuſe,
  Et faiſant mon attente apparente & confuſe,
  Il me blece & guerit tout en vn meſme tens.

                               SONET

55

SONET CLXV.

D'vn mesme traict, d'vne mesme estincelle,
 Et de l'erreur d'vn mesme amoureux retz,
 Amour nous blece, enflamme & tient serrez
 Dans la prison d'vne douce pucelle.
Mais le pis est que mon ardeur ie celle,
 Et que tu fais entendre tes secretz,
 Tandis, GVYON, que fondant en regretz
 Ie la depeins immortellement belle.
Ses prinaultez & ses doux traictemens
 D'vn tel apast temperent tes tourmens
 Que tu ne peulx que sans raison te plaindre.
Moy affamé, non ialoux d'vn tel heur,
 Pour exprimer viuement ma douleur
 Le seul moyen ie ne sçaurois attaindre.

SONET CLXVI.

Puis que si vainement contre moy te trauailles,
 Et que ton rude effort te demeure inutil,
 Ne seme desormais en lieu tant infertil
 Le fiel & la poison de tes ordes entrailles.
Ailleurs, mõstre ialoux, ailleurs fault que t'en ailles
 Mon cueur ebrechera ton venimeux oustil,
 Si bien que ton pouoïr tant aiguisé soit il
 Sentir ne me fera tes mordantes tenailles.

Sus donc va t'en, cruël, pere de deſeſpoir,
  Cruël, va t'en ailleurs exercer ton pouuoir,
  Ou toy meſmes en toy fais preuue de ta rage.
Car maugré tes effortz, ie veulx tout oultre aymer
  Tout ce que ma dame ayme, & ſi veulx eſtimer
  Tout cela qu'elle eſtime à ton deſauantage.

SONET CLXVII.

Quãd voz beaulx yeulx, Dame, ou loge mõ cueur
  Serõt laſſez de me faire la guerre,
  Et que la mort m'aura mys ſous la terre
  Froid, palle & vain ſans ame ne vigueur:
Sur mon tombeau n'arriue la langueur,
  Ains à iamais par entrelaz y erre
  L'ombrageux pié du verdiſſant hyerre,
  Et du matin la plus douce liqueur.
L'amome auſſi & le maſtic y naiſſe,
  A celle fin que l'abeille s'en paiſſe,
  Pour puis apres y reſpendre ſon miel,
Et deux fois l'an (par vœu qui ne ſe rompe)
  Les doɛtes Sœurs deſcendentes du ciel
  Y viennent veoir ceſte nouuelle pompe.

SONET CLXVIII.

L'arbre eſt deſraciné dont i'attendois le fruiɛt,
                                        Le ſou-

56

Le souſtien eſt rompu dont i'apuyois ma vie,
  La diuine beauté que i'aymois m'eſt rauie,
  Et pour moy le ſoleil ores plus ne reluyt.
Ceſt raiſon que ie pleure & de iour & de nuiɛ̌t,
  Et que tous mes penſers à cette heure i'oublye,
  Puis que de mon amour l'eſperance eſt faillie,
  Et qu'en ſi pauure eſtat ores on m'a reduiɛ̌t.
Lors que mon ame eſtoit plus fort enamourée,
  Et que mon eſperance eſtoit plus aſſeurée,
  Vn depart m'a priué du bien que i'atendoy.
Las!eſt ce la mercy que ie deuois pretendre?
  Las!eſt ce le repos que ie deuois attendre?
  Las!eſt ce le guerdon qu'on deuoit à ma foy?

SONET CLXIX.

Les aſtres clers éparſement ſemez
  Ia par le ciel commençoient leur carriere,
  Quand delaiſſant toute crainte en arriere,
  Ie regarday voz ſoleils enflammez:
Mais tout ſoudain mes eſpritz animez
  Furent rauiz par ſi belle lumiere,
  Moy deſpouillé de ma franchiſe entiere,
  Et de mon cueur les deſirs alumez:
Ainſi le bras de l'archer qui m'entame
  Darde ſes traiɛ̌tz au plus vif de voſtre ame,
  Vous embraſant de l'ardeur qui me cuyt:

Afin qu'vn temps,nous rencontrans enſemble,
De noz moytiez l'vne en l'autre s'aſſemble,
Soubz la freſcheur d'vne pareille nuiƈt.

SONET CLXX.

Ie vouldroy bien chanter les louanges de celle
  Par laquelle mon heur me fait egal aux dieux,
  Et par qui le tourment m'eſt plaiſir gracieux.
  Tant elle eſt douce,honneſte & gente damoiſelle.
Mais ie crain que mon ſtille & ma voix ne ſoit telle
  Qu'il la fault pour chãter ſubget ſi precieux,
  Et qu'en taſchant la dire & la loger aux cieux,
  Ie ne face ſon bruyt & ſa gloire moins belle.
.,Toutesfois le vouloir ceſtuy là recommande
:> Qui s'enflamme l'eſprit d'vne entrepriſe grande,
  Et vn ſoleil ſi beau ne peult eſtre obſcurcy.
Ie veulx dõcques chãter ſes beaultez ſur ma lyre,
  Et ſi ſon nom par moy n'eſt aſſez eſclercy:
  I'allegeray aumoins quelque peu mon martire.

SONET CLXXI.

Qui deſire ſçauoir quelle choſe eſt amour,
  Se forme en ſon penſer afin de le comprendre,
  Vn vieillard rigoureux,vn enfant doux et tẽdre
  Qui cherche en ſon dommage vn vtile ſeiour,

                                          Vn

57

Vn desir qui nous trompe en attendant vn iour
  Qui en porte noz iours sans les laisser reprendre,
  Vn desespoir certain, vn incertain pretendre,
  Qui va tousiours auant & n'a point de retour,
Vn mespris de la paix pour auoir de la guerre,
  Vn voler iusqu'au ciel sans se bouger de terre,
  Vn mourir de chaleur en l'yuer plus extreme,
Vn escrire sur l'onde, vn bastir sur le sable,
  Vn viure desplaisant, vne mort agreable,
  Et pour aymer autruy vouloir mal à soymesme.

SONET CLXXII.

Voz celestes beaultez, Dame, rendez aux cieux,
  Et aux Graces rendez voz graces immortelles,
  Et rendez voz vertuz aux neuf doctes pucelles,
  Et au soleil rendez les raiz de voz beaux yeux.
Rendez, dame, rendez vostre riz gracieux,
  Et de vostre beau sein les pomettes nouuelles
  A la mere d'amour, qui les feit ainsi belles,
  A fin d'enamourer les hommes & les dieux.
Rendez à Cupidon son arc & ses sagettes,
  Dont vous rendez si bien les personnes subgettes,
  Et puis ayant rendu ces diuines beaultez,
Et toutes ces vertuz d'où vous les auez prises,
  Vous verrez qu'en rendât ces graces tant exquises,
  Vous vous trouuerez seule auec voz cruaultez.

H

SONET CLXXIII.

Diuin DVTHIER, que le ciel n'a fait naiſtre
   Que pour ſeruir aux affaires des Roys,
   Quand à ton loz vn œuure ie feroys,
   Oy ie te pry ce que i'y vouldroy mettre.
Que ton eſprit eſt tel qu'il ſçauroit eſtre
   Pour en vn temps ſeruir en mille endroictz,
   Et que des plus difficiles deſtroictz
   Facilement ton eſprit ſe depeſtre.
I'y voudroy mettre auec ta qualité,
   Tes biens, ton heur, ta liberalité,
   Ton cœur ouuert, & tes mains voluntaires.
Et ne vouldrois oublier le ſçauoir,
   Et la vertu qui d'vn iuſte deuoir
   Te fait priſer ſur tous les ſecretaires.

SONET CLXXIIII.

Ceſſez mes yeux de plus larmes eſpendre,
   Et vous mon cœur de plus vous tourmenter:
   Car celle la qui nous fait lamenter
   S'en vient vers moy pitoyable ſe rendre.
Mon mal en fin elle a voulu comprendre,
   Sans le vouloir dauantage augmenter,
   D'vn ſi grand bien me venant contenter,
   Qu'impoſſible de plus grand en attendre.

                              Elle

58

Elle ma dit que mes trauaux passez,
  Mon amytié luy tesmoignoyent assez,
  Et qu'ell' vouloit me geter hors de peine,
Ne se voulant faire ingrate estimer:
  Mais qu'il faloit, ains qu'estre plus humaine,
  Qu'ell' me congneust auant que de m'aymer.

SONET CLXXV.

Ie ne diray iamais les causes de ma peine,
  Mais trop bien à iamais ie diray que ie suis
  Le miserable autheur de mes propres ennuys,
  Causant moymesme en moy cette angoisse inhu-
    maine.
Mon mal vient de mon biē, & le dueil que ie meine
  Naist d'vn plaisir parfait, qu'obtenir ie ne puis,
  Ayant mes pauures sens si malement reduits
  Qu'ilz se meurent de soif aupres de la fonteine.
I'auoy tant poursuiuy qu'on m'auoit acordé
  Le bon tour que i'auoy longuement demandé,
  Mais quand ce vint au point que ie le pouuoy pren-
    dre.
Ie deuins impotent, & ne sçeuz faire rien,
  De sorte que priuant moy-mesme de mon bien
  Ie priuay mon espoir pour iamais d'y pretendre.

                                H   ij

SONET CLXXVI.

S'amour m'a fait le bien que de luy lon defire,
  Lors i'ay defcrit le bien que i'ay receu de luy:
  Et s'il ma tourmenté d'vn langoureux ennuy,
  Ma langueur feulement i'ay pris peine à defcrire.
Aufsi quand mon Roufeau enragé de mefdire
  M'a trauaillé l'efprit comme il fait aniourd'huy,
  I'ay defcrit ma conftance, & l'iniure de luy,
  Et c'eft comme i'ay fait ces vers que ie fouspire.
Selon les pafsions ou i'ay efté fubmis,
  Ou bien, ou mal, d'amour, ou de mes ennemys,
  I'ay defcrit chacun iour la caufe toute telle.
Et c'eft pourquoy, DV THIER, on void dedãs ces vers
  Par cy, par là, meflez tant d'argumens diuers,
  Et que plains de fouspirs, Souspirs ie les appelle.

FIN DES SOVSPIRS.

59

A
VN DE SES MEILLEVRS
Seigneurs iniuſtement
calomnié.

O D E.

Toutes les iniuſtes trauerſes
 Seigneur, que ie voy vous donner,
 Quoy qu'elles ſoient ainſi diuerſes,
 Ne vous doyuent point eſtonner:

Car voſtre innocentè iuſtice
 Eſt telle & ſi blanche, que Dieu
 Ne vouldra point qu'on la noirciſſe,
 Ny qu'on la geſte hors de ſon lieu.

Ains comme l'or dans la fournaize
 S'affine d'vn luſtre nouueau,
 Et par le vent & par la braize
 Se faiſt & meilleur & plus beau:

Ainſi voz vertuz eternelles,
 Aux ardeurs de voz enuieux,
 S'affineront touſiours plus belles
 Aupres des hommes & des dieux.

Donq comme vn roc, qui pour l'audace
 Des vens qui le vont tempeſtant,
 Ne bouge iamais de ſa place,
 Ains touſiours demeure conſtant:

     H iij

Resistez d'vn ferme courage
  A la fureur de tous ces vents:
,, Car tousiours apres vn orage,
,, Le Soleil meine le beau temps.

Le Soleil qui la France esclaire
  Sur vostre droict desia reluit,
  Comme a faict celle Lune claire
  Qu'on peult veoir de iour & de nuict.

Si que tel auiourd'huy s'efforce
  De vous troubler de son effort,
  Qui sentira la mesme entorce
  Dont il cuydoit vous faire tort:

,, Car les dieux iamais ne preferent
,, A l'homme iuste, le malin,
,, Et quand leur vengence ils different,
,, Ils la font plus grieue à la fin.

Les grands dieux vous sont fauorables,
  Et s'on veult sur vous attenter,
  Et ils vous sont tant secourables,
  N'auons dequoy vous contenter?

,, Mais iamais contens nous ne sommes,
,, Et nul ne se void auiourd'huy
,, En toute la race des hommes,
,, Qui ne soit point de quelque ennuy.

Laissez

Laiſſez donc ces ennuys extremes,
Sans nullement vous irriter:
Car on a veu que les dieux meſmes
Ont conſpiré ſur Iupiter.

OL. DE MAGNY.

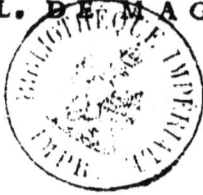